배려리더십

김수동 저

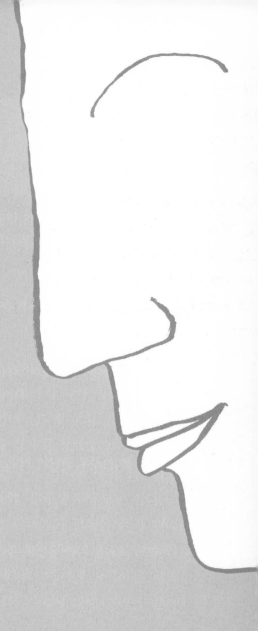

INNER BOOKS 이너북스

나는 배려를 실천하여

가족과 이웃에

좋은 영향을 주며,

행복한 사회를 만든다.

배려는 품성입니다.

배려는 습관입니다.

배려는 능력입니다.

배려는 리더십입니다.

배려는 패러다임입니다.

배려는 봉사의 씨앗입니다.

배려는 삶의 목표를 실현시키는 길입니다.

　조직의 문화를 형성하는 데 가장 큰 기능을 하는 것 중의 하나가 리더십입니다. 필자는 개인의 의식과 조직의 시스템 혁신을 위한 리더십으로서의 배려를 생각해 왔습니다.

　'배려'라는 키워드를 처음 접한 지도 벌써 십여 년이 흘렀습니다. 배려리더십은 새로운 변화를 일으키는 부드럽고 강한 힘과 능력을 의미합니다. 아울러 배려리더십은 동서양의 균형적 사고에 기초한 실천적·도덕적·관계적 리더십입니다. 자신의 인생 목표를 성취하며 효과적으로 삶을 살아가려면 특히 배려능력이 필요합니다.

　이 책은 배려리더십을 패러다임, 품성, 영향력, 행위, 기술, 의사소통, 통찰력으로 구분하여 기술했습니다. 케어링(caring), 즉 리더십으로서의 배려는 개인의 확신, 변화의 관리, 대화의 능력, 공동의 협력을 포함합니다.

　리더십으로서의 배려는 생활의 중심에 나, 가족, 친구와 이웃의 순으로 놓는 작업입니다.

리더십으로서의 배려를 형용사로 표현하면 어떻게 되는가? 이런 질문을 누가 한다면 저는 주저하지 않고 "긍정적인(positive), 낙관적인(optimistic), 건설적인(consturctive)"이라고 말합니다.

리더십으로서의 배려를 부사로 표현하면 어떻게 되는가? 이 질문에 대한 답변을 고민하다가 저는 이렇게 결론을 지었습니다. "멋지게, 아름답게, 고귀하게!" 그리고 이것을 6년에 걸쳐서 강의실에서 때로는 야외에서 여러 차세대 리더들과 더불어 소리 내어 외쳤습니다. 앞으로도 그럴 것입니다.

생각하고 말하는 대로 우리가 되어 가기 때문입니다. 우리는 되어 가는 존재입니다. 상대방을 바라보면서 판단하지 않은 채 장점만을 보고, 이 자리에 없는 제삼자에게 충실할 때 우리는 서서히 리더가 되어 갑니다. 타인에게 말로써 좋은 점을 구체적으로 알려 주는 '확언'과 정서적·지적으로 구성원을 '포섭'해 가면 저절로 리더가 되어 가는 우리를 발견하게 될 것입니다.

이제 리더십 프로그램에서 배려가 그 중심에 있게 됩니다. 배려리더십 교육의 목적은 신뢰성을 습득하는 단계를 넘어서 남을 섬기고 사랑하기를 통해 보다 나은 행복한 사회를 만드는 데 있습니다.

리더십의 양축은 성과와 배려입니다. 향후 배려리더십의 모델이 정착되어 많은 사람들의 배려능력이 증진되기를 바랍니다.

주변 사람들의 평온한 휴식과
오실레이션(oscillation)의 여유를 소망하며
김수동

1. 패러다임(Paradigm)

변화(Change), 도전과 주도성(Challenge & Proactivity),
관계성, 상호의존성, 사명, 꿈, 성공, 자연

다음의 진술을 읽고 '그렇다'와 '아니다'로 답한다. '그렇다'가 8개
이상이면 리더십이 대단히 높고, 5~7개는 리더로서의 태도와 리더
십의 자질이 있는 것으로 볼 수 있다. 4개 이하인 경우라도 리더십
훈련 여부에 따라 얼마든지 리더십이 향상될 수 있다.

1. 대체로 적절하게 판단한다.
2. 주변 사람들을 편안하게 만든다.
3. 스스로 건강하다고 믿고 있다.
4. 정기적으로 운동을 하고 있다.
5. 자리에 없는 제삼자에게 충실하다.
6. 긍정적이고 낙관적인 태도를 지니고 있다.
7. 모든 일들이 잘 해결될 것으로 생각된다.
8. 대부분 실패하기보다는 성공하는 편이다.
9. 내가 다이아몬드처럼 소중한 존재라는 생각이 든다.
10. 세상이 고통보다는 행복으로 이루어져 있다고 믿는다.

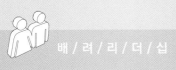

배/려/리/더/십

변화를 이끄는 요소 – 창의성, 감성
이성사회에서 감성사회로 발전한다

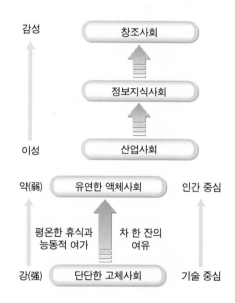

치알디니(R. Cialdini, 2006)의『설득의 심리학(Influence: The Psychology of Persuasion)』에 따르면, 샌프란시스코에서 행한 한 연구에서 보통 사람들은 고급 자동차를 소유한 사람에게 특별한 경의를 품고 있다고 지적하고 있다. 선입견, 고정관념에서 벗어나면 부드러운 감성이 우러나온다. 이러한 감성에서 비로소 창조가 시작된다.

 Act!

내가 보는 미래사회의 모습을 한 단어로 표현한다.

변화 – 5T, 4E, 4F
재미, 흥미가 변화를 일으킨다

5T로 보는 리더십

목표(Target)   처음(Threshold)

신뢰
(Trust)

협력(Teamwork)   재능(Talent)

4E로 읽는 리더십		4F로 읽는 리더십	
정서(Emotion)	흥미(Entertainment)	재미(Fun)	느낌(Feeling)
경험(Experience)	평가(Evaluation)	혼합(Fusion)	여성(Female)

'총각네 야채 가게'의 이영석은 대학을 졸업하고 자신이 다니던 회사를 그만둔 뒤 조그마한 야채 가게를 시작했다. 그 후 그의 가게는 연간 200억 원이 넘는 매출을 올리는 성공적인 기업으로 성장했는데, 그 이유는 매일 새벽 2시에 일어나 시장에서 좋은 과일과 야채들을 골라 샀다는 데 있다. 그는 아침을 깨우는 사람이었다. 그에게서 배울 점은 단순히 야채를 파는 것이 아니라 '즐거움을 팔았다.'는 데 있다.

 Act!
새로운 비즈니스 모델을 제시한 한 명의 경영자와 그의 회사를 간략히 설명한다.

변화 = 변용
현대사회에서 필요한 능력은 5C다

5C

5C는 배려(care), 협력(collaboration), 커뮤니케이션(communication), 창의성(creativity), 컴퓨터 조작능력(computation)을 말한다. 배려는 여러 현상과 측면을 이해하는 통찰력이고, 협력은 시너지를 일으키는 힘이며, 커뮤니케이션은 질문과 경청의 기술이다. 창의성은 통제, 규칙성, 정확성, 침묵, 근면을 넘어서는 데서 나타난다. 음악은 창의성 계발에 좋다. 음악은 창의적인 사고를 촉진시키는 것이다. 셜록 홈즈(S. Holmes) 탐정은 바이올린을 켜면 사건의 실마리를 풀 수 있었고, 아인슈타인(A. Einstein)도 바이올린을 켜면 생각을 정리할 수 있었으며, 슈바이처(A. Schweitzer)는 오르간을 연주할 때 좋은 아이디어가 떠올랐다. 컴퓨터 조작능력은 지식과 정보를 찾아 소화하고 창조하는 힘이다.

변용

과거에는 좋은 정보와 지식을 전달하고(transmit), 교류하는(transact) 것에 관심을 보였다면, 지금은 변용하는(transform) 일을 중시한다. 나와 남 그리고 사회를 변용하는 일은 모두를 새롭게 만드는 배려리더십이다. 현대사회에서는 양보다 질을 추구한다. 적은 내용을 가지고 그것을 해석하고 유사한 내용과의 관계를 찾고 조합해 보며 다른 대안을 제시하는 것으로 발전시켜 나가야 한다.

적용력

마인드 컨트롤과 아이디어로 세계를 지배할 수 있다. 현대사회는 아이디어사회다. 수렵사회에서는 용맹함이 필요했고 농경사회는 일손이 필요했다. 지금은 지식이 많은 똑똑이보다 적용력을 지닌 똘똘이가 인정받는 사회다. 1등과 꼴찌는 방향의 차이에서 오는 것이다. 줄의 맨 끝에 서 있으면 꼴찌가 되지만 한 발 옆으로 비켜서면 꼴찌가 아니다.

변화는 준비하는 데서 찾아온다. 하기 싫고 어렵지만 중요한 일부터 찾아 실행에 옮겨 본다. 즉, 기회에 도전한다.

변화

꿈을 꾸고 기대하며 새로운 방향을 설정하고 변화를 유도한다. 변화는 빠를수록 좋고, 협력과 시너지로 가능하다. 변화에는 연습이 따르며 점진적으로 실천할 때 성공할 수 있다.

생각의 변화 + 행동의 변화 + 언어의 변화 + 습관의 변화
= 삶의 변화

적절한 사전 준비는 일이 잘못되는 것을 방지해 준다.
Proper prior preparation prevents poor performance.

Act!

1. 나의 인생 키워드는?
2. 내가 가장 원하는 핵심가치는?
3. 향후 미래사회에서 리더에게 가장 필요한 덕목(특성)은 무엇인가?

변용의 리더십
변화는 새로움, 더 나음, 생명력을 뜻한다

전달 (trasnmission)	교류 (transaction)	변용 (transformation)

리더십은 전달(transmission)의 리더십 → 교류(transaction)의 리더십 → 변용(transformation)의 리더십으로 발전해 왔다.

변용은 변화(change)와 통한다. 리더십은 변화를 일으키는 일이다. 변화는 모방에서도 온다. 반도체는 아남이 먼저 연구했고, 나중에 삼성과 IBM이 모방했다. 변화는 모방하고, 개선하며, 불필요한 것을 제거하고, 남다르게 하는 일이다. 100인 100색이어야 한다. 남이 안 한 것을 하면 변화가 일어난다. 이렇게 변화를 일으키는 사람은 1/10이며, 이들이 변화의 선도자 역할을 한다.

환자는 변화하려는 욕망이 없다. 환자는 변화되기를 원하지 않는다. 환자는 자신의 증상에 적응하기 때문에 치료를 계속하려는 욕망은 없어지기 마련이다.

오래 근무한 사람이 전문가는 아니다. 새로운 시도를 계속하는 자가 리더다. 변화하는 조직이 성공한다. 유통기업 신세계, 정수기를 판매하는 웅진코웨이, 인터넷 서점인 아마존닷컴, CNN, 맞춤형 컴퓨터 회사인 델컴퓨터, 수익성과 안전성에서 수위를 차지하고 있는 항공사 싱가폴에어라인 등은 변화를 일으켜 온 기업들이다. 계속 새로운 것을 찾아내어 차별화해 나가면 망하지 않는다. 특성이 없는 어중간한 기업이 망한다.

리더십은 사람 사이에 일어나는 것을 대상으로 한다. 리더십은 변화를 지향한다. 프랑스의 속담에 '변화의 문은 안에서만 열린다.'고 하였다. 조직의 리더십은 개인의 능력 발휘보다는 전 계층의 변화와 혁신에 초점을 맞추어야 한다. 회사의 기구와 조직을 바꾸는 데는 하루가 걸렸지만 회사 임원의 책상을 몇 미터 옮기게 하는 데는 며칠이 소요되었다는 외국 기업 사장의 이야기가 있다. 구조와 제도보다는 사람의 의식과 관행을 바꾸기가 어렵다.

변화를 수용한다 ⇨ 변화를 즐긴다 ⇨ 변화를 활용한다

변화는 고정관념의 탈피에서 비롯된다. 박인출이 원장으로 있는 예치과는 의사 1명당 환자 수가 일반 치과의 1/3 수준으로 적다. 일반 치과는 환자가 이동하지만 예치과는 의사가 움직인다. 예치과는 치료하는 병원이 아니라 카페 같은 병원이다. 다만 예치과는 진료비가 비싸다. 이렇게 생각을 바꾸면 변화가 생겨난다. 변화와 혁신은 곧 창조 경영이다.

Act!

1. 성공적인 리더는 어떤 사람인가?
2. 나를 가장 잘 설명하는 3가지 단어는 무엇인가?
3. 나에게서 제거 · 감소 · 증가 · 창조시킬 요소는 각각 무엇인가?

변화의 방법
차별화가 변화를 만든다

사람은 다른 이미지로 대체되고 미래를 향해 끊임없이 변화되어 갈 때 비로소 몸과 마음이 건강하다고 말할 수 있다. 즉, 인간은 '되어 가는(becoming) 존재'인 것이다. '되어 감'의 과정에는 변화가 따른다. 변화는 새로움, 더 나음, 생명력을 뜻한다.

인간과 기업의 생존부등식은 비용(cost) 〈 가격(price) 〈 가치(value)다. 브랜드 이미지를 높인다. 빨리 변화할 수 있는 조직을 만들고 최대한 많은 이익을 얻어낸다.

세계 1위의 인터넷 서점인 아마존닷컴, 맞춤형 컴퓨터로 전 세계 매출의 15%인 미국 1위의 컴퓨터 회사 델컴퓨터, 수익성과 안전성 1위의 항공사인 싱가폴에어라인, 메모리 반도체 1위의 삼성전자, 핸드폰 매출 1위의 핀란드노키아, 조선 1위의 현대미포조선 등이 No. 1 기업들이다.

1위를 지키려면 계속 새로운 것을 찾아내야 한다. 5년 후의 모습을 보고 공부한다. 끊임없이 차별화 전략에 초점(focus)을 맞춘다.

품질은 비슷하다. 품질 순위와 매출 순위는 상관관계가 적을 수 있다. 고객의 관점에서는 품질 차이가 별로 나지 않는다. 품질에 대한 인지의 차이가 있을 뿐이다. 품질을 높이는 활동과 품질에 대한 인지를 높이는 활동은 다르다.

성공의 증거는 변화다. 변화는 세상을 바꾸는 일이다.

리더의 유형
리더는 목표, 시간관리, 시너지를 내는 사람이다

리더의 근본자질 열정(Passion)	리더십의 가장 중요한 요소 성실(Integrity)

리더십의 기본태도—열심히 일하고 즐겁게 논다

VIP
Very important people
Very innovative people
Very imaginative people

VTP
Very teachable people

VNP
Very nice people

여기서 선한 사람(very nice people)
은 사명, 비전, 목표가 있고 시간
관리하면서 시너지를 내고 있다는
증거가 없기 때문에 리더라고 할 수
없다.

리더는 가끔은 홀로 있고 생각하는 사람이어야 한다. 그리고 웃음과 유머가 있는 것이 좋다. 유머 감각이 뛰어난 사람은 남녀노소를 막론하고 누구나 호감을 갖는다. 리더십(leadership)이란 '집단의 목표를 달성하기 위해 구성원을 협동시키고, 그들의 능력을 최고로 발휘하게 만드는 작용'이다. 리더십은 수직적 권력인 직권력 또는 헤드십(headship)과 상반된 개념이다.

 Act!

나는 리더십을 어떻게 정의하는가?

배려의 목적 – 행복
행복한 삶은 잊는 것이다

삶은 '잊는 것(forgetting)'이다. 존재하는 것은 잊는 것이다. 내가 존재하기 위해서 잊는다. 정신병자는 상처가 너무 커서 잊어버리지 못하는 사람이다. 늘 상처받은 세계에 산다. 정신병자는 거울 속의 나를 남으로 본다. 자폐아는 인식의 세계가 없다. 정신분열중 환자는 무엇인가를 쉴 새 없이 찢고 뜯고 판다. 공격적 피해망상, 몸이 조각나는 현상, 자신이 둘로 되는 것, 거세, 잡아먹히는 현상 등이 그를 괴롭힌다. 잊어버리는 일은 인생의 필수적인 것이다. 이것을 하지 못하면 죽음이다.

 세계에서 제일 행복한 섬

피얼(N. V. Peale) 목사는 자바(Java)에 있는 발리 섬을 방문하였다. 이곳의 섬 사람들이 세계에서 가장 행복하게 산다는 소문을 듣고 일부러 보러 간 것이다. 큰 산업 시설이나 재미있는 오락 시설도 없는 섬이었다. 그런데 어째서 발리 사람들은 그토록 행복할까? 피얼 목사는 섬사람들을 일주일 동안 인터뷰한 뒤에 다음과 같은 다섯 개의 해답을 종합할 수 있었다.

- 우리는 가진 것이 없습니다. (We have nothing.)
- 우리는 단순하게 삽니다. (Our life is simple.)
- 우리는 서로 좋아합니다. (We like each other.)
- 우리는 먹을 것이 충분합니다. (We have enough to eat.)
- 우리는 아름다운 섬에 살고 있습니다. (We live on a beautiful island.)

배려의 두 기둥 – 관계성과 상호의존성
성숙한 삶은 관계성과 상호의존성을 드러낸다

관계성

리더십은 서로 다른 사람들이 각자의 고유한 개성을 발휘하면서 인간관계를 유지·개선해 가는 능력이다. 리더십은 인간관계를 원만하게 하는 능력이자 기술이다.

배려관계는 배려자(the one-caring)와 피배려자(the cared-for)와의 관계다. 사람에게는 관계성이 행복의 근원이다.

좋은 삶은 좋은 인간관계에서 비롯된다. 좋은 관계, 좋은 인연을 맺는 사람이 리더다. 사람과 관계하는 일은 경험의 의미를 첨가·개선해 주는 일이며, 그것이 삶이다. 삶은 관계성, 즉 상호연결성으로 드러난다. 남과 관계하면 변화된다. 환자는 변화하려는 욕망이 없으며, 변화되기를 원하지 않는다. 환자들은 자신의 증상을 즐길 뿐이다.

상호의존성

상호성은 성숙함을 의미한다. 상호의존성이 결여된 사람은 온전한 사람이 아니다. 칙센트미하이(M. Csikszentmihalyi, 1998)는 『몰입의 즐거움(Finding Flow: The Psychology of Engagement with Everyday Life)』에서 멍텅구리(idiot)라는 말이 혼자 사는 사람을 뜻하는 그리스어에서 온 것이라고 설명했다. 그는 사람들이 겉으로는 사람이 많은 곳을 꺼려한다고 말하지만 실제로는 대부분 한적하지 않고 붐비는 해변으로 간다고 지적한다. 사람은 다른 사람과의 관계 안에서만 의미를 갖는 사회적 존재다.

상호의존성 – 성숙한 사회성

사회성, 상호의존성(Interdependence)

자율성, 독립성(Independence)

타율성, 의존성(Dependence)

시인 괴테(Goette)도 일흔이 넘었을 때 집 안의 창고 열쇠들을 움켜쥐고 지냈다. 노인이 된 괴테는 고독했다. 그래서 식구들이 자기에게 와서 열쇠를 가져갈 때 대화를 하면서 외로움을 이겨 냈다. 이처럼 사람은 더불어 사는 존재다.

위의 도표는 코비(S. R. Covey, 2004)가 『성공하는 사람들의 7가지 습관(The 7 Habits of Highly Effective People)』에서 제시한 리더십 개발의 구조다. 이 구조는 페스탈로치(J. H. Pestalozzi)의 인간 발달 단계와 유사하다. 의존성의 단계는 타율성을 의미하며, 남에게 의존하는 수준이다. 독립성의 단계는 자율성을 의미하며 혼자서 일을 처리하고 문제를 해결해 가는 수준이다. 상호의존성의 단계는 사회성을 의미하며 나와 타인이 협력하여 시너지를 내는 수준이다.

리더십 개발의 순서는 다음과 같다.

1. 사명, 비전, 목표를 확립한다.
2. 품성 계발과 학습으로 삶을 준비한다.
3. 조화롭고 원만한 인간관계를 갖는다.
4. 마음의 평안을 유지하면서 휴식, 여가로 재충전을 한다.

삶의 4차원

| 신체적 차원 나의 건강 | 정서적/사회적 차원 나의 예술, 여가와 휴식, 친구 |
| 정신적/지적 차원 나의 지식, 전공, 능력 | 경제적 차원 나의 재산, 생활환경 |

리더십

| 비전과 목적 | 목표와 전략 |
| 행동 및 실천 | 검증 및 평가 |

리더의 삶

데이비드 네이더트(D. Neidert, 2009)의 『사계절 리더십(Four Seasons of Leadership)』에서는 겨울―자기성찰과 사명·목표 수립의 시간, 봄―학습과 모험을 통해 새롭게 성장하는 시기, 여름―조화로운 관계를 정립하는 때, 가을―대화하며 용서하고 반성하는 시절로 설명한다.

배려 리더 1
리더는 안내하며 창조하는 사람이다

리더는 배를 목적지로 안내하는 사람(Leader+ship)이다.

리더(leader)는 체제변화, 목표설정, 가치추구에 중점을 두며 미래 지향성을 지니고 꿈을 창조하는 선구자다. 관리자(manager)는 체제유지, 문제해결에 치중하고 현실에 초점을 두며, 규정을 만드는 반응자다.

손과 발로 일하게 하는 것은 관리다. 관리는 과거지향적이며 내부 지향적인 것이다.

자기 힘으로 하는 자는 삼류 리더이고 남의 힘으로 하는 자는 이류 리더이며 남의 지혜를 빌려 일하는 자는 일류 리더다. 리더는 쉽게 반응하지 않고 행동을 적게 하는 안정된 사람이다.

리더는 결과에 대해 점수로 평가한다기보다 기쁨을 누리면서 함께하는 사람이다. 리더는 분리가 아닌 협력의 방법을 사용하며, 벌주는 것보다는 포용하는 일을 하는 사람이다.

훌륭한 리더가 되는 방법은 매일 아침 '나는 죽었다가 다시 살아났다.'고 가정하고 살아가는 것이다. 이러한 상상은 삶에 도움을 준다.

> **Act!**
> 나는 나의 묘비에 뭐라고 씌어 있기를 바라는가? 자신의 묘비명을 생각해서 적는다.

배려 리더 2
리더는 장점을 보는 사려 깊은 사람이다

　공자(孔子)-공자는 소인, 선비, 군자, 성인(聖人)으로 사람을 구분한다. 여기서 소인, 즉 용렬한 사람은 눈앞의 이익에 몰두하는 사람이다. 선비는 옷이나 음식에 얽매이지 않고 의를 지키는 사람이다. 성인은 품성이 매우 훌륭한 사람이다. 군자는 정의에 밝은 자이지만 반대로 소인은 이익에 밝고 남의 장점을 억누르고 타인의 단점은 더 늘도록 촉진시키는 자다. 이렇게 소인은 남의 단점을 들추지만 리더는 남의 장점을 칭찬해 준다.

　노자(老子)-노자는 선인(善人)의 반대되는 사람을 불선인(不善人)으로 보았다. 불선인은 악인(惡人)이 아니며, 선하게 될 수 있는 가능성이 있다. 또 미(美)의 상대어는 악(惡)이 아니라 오(惡), 즉 싫어하고 미워하는 것이다. 이런 시각이 리더의 관점이라고 볼 수 있다. 리더는 우쭐대지 않고 그 때문에 많은 사람들 위에 선다.

　듀이(J. Dewey)-미국의 교육학자 듀이는 사려 깊은 사람은 세밀히 조사하고, 검사하며, 탐구하고, 생각하며, 계산한다고 보았다. 그에 따르면 반성적으로 사고하는 사람은 열린 마음, 전념, 지적 책임감이 있다. 열린 마음이란 편견에 빠지지 않고 가능한 모든 대안들에 주의를 기울이고, 자기가 확신하는 신념조차 틀릴 가능성이 있다는 것을 인정하는 태도다. 전념이란 일이나 사물에 대해 열정을 가지고 몰두하는 태도를 뜻한다. 지적 책임감이란 지식이나 신념을 끝까지 철저하게 고찰함으로써 완전히 자기 것으로 만드는 것을 말한다. 요컨대 리더는 사려 깊은, 즉 생각하는 사람이다.

로크(J. Locke)–예절 바른 사람은 모든 사람으로부터 존경받고 호의를 받게 된다. 신사(courtly gentleman)는 실무가로서의 지식을 갖추고, 그 신분에 어울리는 예의가 있고, 그 지위에 맞게 조국을 위해 훌륭하고 유익한 일을 하는 사람이다. 예절, 세상을 아는 것, 덕, 근면, 평판을 사랑하는 것 등은 많이 갖출수록 좋다. 마음이 유약하여 당황하는 것과 게으름, 무례함은 나쁜 예절이다.

리더는 예절이 있는 신사다. 이러한 신사는 구성원들에게 가진 것을 베풀고, 사람을 신중하게 대하며 정중한 태도를 지닌 사람이다.

품성이 좋고, 장점을 보며, 열정이 있고, 생각이 깊은, 매너가 있는 사람이 배려 리더다.

『토지(土地)』를 쓴 박경리는 타계하기 직전에 "버리고 갈 것만 남아서 홀가분하다."고 말했다. 배려는 무욕(無慾)에서 우러나온다.

『맹자(孟子)』 이루편(離婁篇)에서는 군자는 하루아침에 생겼다가 사라지고 하는 작은 걱정거리들, 즉 일조지환(一朝之患)을 갖고 있지 않으며 평생 걱정하는 근심, 즉 종신지우(終身之憂)를 지니고 있다고 본다. 리더는 큰 목표를 이루고자 고민하며, 그로 인해 작은 근심거리는 저절로 해결되는 것이다.

Act!

1. 내가 좋아하는 '가장 바람직한 인간'의 모습을 구체적으로 기술한다.
2. 네 명의 학자들의 견해를 참고해서 볼 때, 내가 생각하는 멋진 인간유형, 즉 리더의 모습은 어떠한가?

감동을 주는 리더
기대보다 높으면 감동을 준다

리더십은 기대와의 싸움이며, 기대보다 높으면 감동을 준다.

위에 있으려고 하면 리더가 될 수 없다. 리더는 주변 사람들 마음속에 존재한다. 마음을 움직이는 것이 리더다. 외부전문가, 상사, 동료, 부하 등을 통틀어 오디언스(audience)라고 한다.

배려 리더의 마음은 무엇보다도 사랑으로 가득 차 있고, 그 얼굴은 사람들의 마음속에서 감동을 주는 자애와 관용의 부드러운 모습이며, 그 손은 새로운 것을 만드는 창조자의 손이며, 그의 길은 비록 고달픈 행로이기는 하나 진리를 탐구하는 길이다.

배려 리더의 얼굴에는 그림자나 어두움이나 실망이 없고 언제나 미래를 내다보는 희망이 깃들어 있다. 배려 리더의 말은 구성원의 마음에 행복을 일으키고 영감을 준다.

열정의 리더
리더는 열정적인 신사다

열정적인 사람 (energy, passion, heart)	신사 (courtly gentleman)
정서적으로 안정된 사람	SQ가 높은 사람 (thinking, transformative, considerable person)

열정은 신뢰, 권력과 함께 리더십의 요소다. 성공하는 사람들의 공통점은 에너지, 즉 열정을 지니고 있으며, 정신적으로 여유가 있다. 몰입하는 일이 있으며, 표정이 편안하다. 신사는 베푸는 사람이다. 정서지능 EQ, 영성지능 SQ는 품성(character)의 바탕이다.

정열이 있을 때, 비로소 듣는 자에게 영감과 감동을 불러일으킬 수 있으며 마음을 움직일 수 있다. 리더는 주변 사람들 마음속에 존재한다. 마음을 움직이는 사람이 리더다.

실패인-인생의 목표가 없는 사람
보통인-그 목표가 언제 성취될지 모르는 사람
성공인-문장으로 작성한 구체적 목표가 있고 그 마감 시한이 분명한 사람

강헌구 특강. 2007.

배려 리더 = 일류 리더
일류 리더는 이름 정도만 알려져 있다

- 리더십: 사다리가 올바른 벽에 걸쳐져 있는가를 결정하는 것
- 관리: 사다리를 어떻게 효율적으로 올라가느냐의 문제

『도덕경』제17장

　『사기(史記)』에서 보면, 리더는 남이 모르게 일을 하고 또한 대담한 배짱이 있어야 한다.

　생물 시간에 배운 리비히(J. F. Liebig)의 '최소량의 법칙(law of minimum)'이 리더십에도 적용된다. 우리 몸에 필요한 여러 가지 영양소 중 하나의 특정 영양소가 결핍되면 다른 것을 아무리 많이 섭취하더라도 허약해지거나 병에 걸린다는 원리가 리더십에서도 나타난다. 그러므로 리더십에서 신뢰나 도덕성, 비전 등이 강조된다 하여도 다른 요소를 가볍게 보면 안 된다. 한 가지의 리더십만으로는 진정한 리더가 되기 어렵다.

꿈을 창조하는 리더
리더는 관리자, 환자와 다르다

관리자(manager)	리더(leader)
체제유지와 문제해결에 중점을 두며, 현실에 초점을 갖고 규정을 만든다.	의도적으로 중요한 변화를 지향하며, 비전(vision)으로 체제를 변화시키고, 목표를 설정하며, 가치추구에 중점을 두고, 미래지향적으로 꿈을 창조하는 선구자로서 열정적으로 일한다.

측정하지 않으면 개선되지 않는다. 새로운 것을 시작하기 위해서는 과거의 어떤 것을 포기해야 한다.

관리	리더십
안정추구	변화추구
상황에 대처하는 기능	변화에 대처하는 기능
조직 계층과 시스템 중시	사람과 문화 중시

리더는 타고난 것이 아니라 만들어지는 것이다. 경영자는 관리를 하되 리더십에 더 무게를 두어야 한다. 관리가 결여된 리더십은 조직의 혼란을 일으키며, 리더십이 결여된 관리는 조직의 관료화를 일으킨다.

비전
- 성공을 지속적으로 가능하게 만드는 요소
- 미래 세계를 꿰뚫어 보는 마음의 능력
- 인생의 나침반이자 잠재능력 개발의 근원

Act!

리더는 _____ 사람이다.

인생의 완성된 그림 – 사명서
글로 기술된 사명서는 힘이 있다

직접 작성	실질적, 구체적으로 기술
계속 수정	정기적으로 검토, 평가

내 자신의 몸값을 높이기 위해서 우선적으로 해야 할 것은 무엇인가? 첫 번째로 내 인생에서의 '큰 그림(Grand and Great design)'을 세우는 것이다. 즉, 글로 쓴 인생 사명서를 만드는 것이다. 높은 자신감을 가진 리더는 어려운 과제를 기꺼이 시도하고 자신을 위해 도전적인 목표를 설정한다.

의욕을 일으키려면 1등을 목표로 하도록 격려한다. 목적의식을 심어 주어야 한다. 가치의식을 심어 준다.

 사명서 작성법
1. 나의 핵심가치를 넣는다.
2. 내가 가장 원하는 것을 제시한다.
3. 직업적 역할을 구체적으로 기술한다.
4. 끝 부분에 완성된 업적, 사회기여, 세상에 남기는 유산을 분명히 밝히고 마무리한다.
5. 계속적 · 정기적으로 수정한다.

1. 나의 인생 사명서를 한 문장으로 기술하고 서로 이야기해 본다.
2. '원하는 것'들을 '갖고 있는 것'과 '갖고 있지 않은 것'으로 나누어 표를 만들어 본다.

멋진 삶을 위한 꿈의 목록
꿈의 목록은 인생에서 꼭 해야 할 것들이다

1. 유언장 쓰기
2. 매일 꼭 1번 이상 감사하기
   (내가 지금 살고 있는 하루는
   어제 누군가가 그렇게 바라던
   하루다.)

1. 혼자 여행가기
2. 적어도 한 분야에서 인정
   받을 수 있는 실력자 되기

꿈의 목록

1. 효도하기
2. 다른 사람의 인생에 좋은
   영향력 미치기
3. 쉽게 용서하기
4. 나를 핍박하는 자를 축복하기
5. 내 소유를 팔아 가난한
   자들에게 주기

1. 만남을 소중하게 여기기
2. 좋은 모임을 만들어
   운영하기

〈예시〉

- 자녀를 위해 멋진 서재 만들어 주기
- 1년에 1회 부모님 건강 진단해 드리기
- 영어로 강의하기
- 아침 6시에 일어나서 아침형 인간 되기
- 1개의 모임 만들어 관리하기
- 배려교육과 배려리더십의 1인자 되기
- 세계 100개국 여행하기
- 1회 1,000명에게 특강하기
- 한번에 1억 원을 남을 위해 쓰기

- 매일 1시간 글쓰기
- 부모님보다 먼저 죽지 않기
- 늘 적게 먹고, 주일 아침은 금식하기
- 2020년까지 재산 100억 만들기
- 하루에 1번 남을 위해 기도하기
- 1주에 1회 부모님 찾아뵙기
- 베스트셀러 책 내기
- 땅 1만 평 구입하여 비전랜드 만들기

 Act!

나의 10가지 꿈의 목록을 구체적·현실적으로 적고 말한다.

인생의 규칙
나와의 약속은 삶의 원칙, 생활신조다

1. 남의 말을 경청한다.
2. 필요한 말을 적시에 한다.
3. 늘 기뻐하고 감사한다.
4. 주변 사람들에게 친절하게 대한다.
5. 지적 · 정서적으로 사람들을 포섭한다.
6. 사람을 대할 때는 장점을 본다.
7. 좋은 점을 찾아서 말로써 알려 준다.
8. 먼저 전화하고 찾아간다.
9. 선하게 생각하고 부드럽게 말한다.
10. 뒷모습이 아름답게 행동한다.
11. 지적 · 정서적 · 인격적으로 모범이 된다.
12. 나를 개선하고 사람들에게 행복을 나누어 준다.
13. 스스로 밝아서 에너지를 주변에 전파한다.
14. 늘 몸을 움직이면서 운동한다.
15. 긴급하지 않으면서 중요한 것에 늘 집중한다.
16. 지금 이곳에 없는 제삼자에게 충실한다.
17. 선하게 생각하고, 멋지게 행동한다.
18. 옷을 단정히 입고 속옷은 자주 갈아 입는다.
19. 주변 사람들을 배려하며 감사한다.
20. 후덕하고 여유 있는 리더가 된다.

성공인과 실패인
준비하는 자가 성공한다

준비된 리더		준비되지 않은 사람

성공하는 개인

주어진 일을 함	<	하고 싶은 일을 함

　성공하려면 함께 살아가는 주변 사람들의 밝고, 훌륭하고, 아름다운 측면에 초점을 맞춘다. 즉, 장점에 집중하는 일이다. 또한 칭찬하고 그들의 감정을 공유하는 것이 필요하다.

　『긍정의 힘(You Best Life Now: 7 Steps to Living at Your Full Potential)』을 쓴 오스틴(J. Osteen, 2007)은 우리 인생에 기적을 일으키는 원동력은 남의 믿음이 아닌 나의 믿음이라고 말했다. 성공은 나의 믿음에서 온다.

준비 (preparation)	→	제시 (presentation)	→	적용 (application)	→	평가 (evaluation)

　지식과 기술을 준비해야 남들에게 보여 줄 것이 있고 실제 생활에서 그것을 보완하여 사용할 수 있다.

성공인의 마음가짐과 행위
active + positive + optimistic + constructive
(적극적＋긍정적＋낙관적＋건설적)

인생성공방정식
성공적인 삶에는 배려가 있다

성공이란 인생의 비전·사명·목적을 성취하는 것, 최대한의 잠재력을 발휘해 현실로 나타낸 것, 타인에게 유익한 영향을 끼친 것 등을 말한다.

	약	강
고	현실적 인생	성공적 인생
저	실패한 인생	공상적 인생

삶 = 배려 + 일 + 여가
L = C + J + E

여기서 L은 Life(삶)이고, C는 Care(배려), J는 Job(일), E는 Enjoy(여가, 즉 즐기는 것)이다. 칙센트미하이가 『몰입의 즐거움』에서 삶을 이해한 것을 참고로 필자는 인생을 이렇게 정의한다.

성공하는 리더 — 일을 창조한다, 부가가치를 만든다, 다른 리더들을 끌어들인다, 아이디어를 제공한다, 다른 사람들을 준비시킨다, 헌신한다.

Maxwell, J. (2005). *Your road map for success*. 조영희 역. 나의 성공지도. 서울: 청림출판. pp. 258–276.

배려 – 타인의 성공을 돕는 열쇠

배려의 시각
사람이 근면하고 자율성과 능력이
있다고 보는 것

민주적 관리
쌍방향 커뮤니케이션 선호

관리의 시각
사람이 태만하며 간섭 · 통제해야
능력을 발휘한다고 보는 것

권위주의적 관리
일방향 커뮤니케이션 선호

배려에는 '시간이 필요하다.' 그것이 배려의 계속성이다. 성숙을 위한 지름길은 없다. 과일과 곡식이 무르익으려면 시간이 걸리는 것이다. 배려도 그러하다.

그린리프(R. Greenleaf, 1977)는 『서번트 리더십(Servant Leadership)』에서 리더란 구성원들을 위해 일함으로써 그들에게 활력을 불어넣으며, 그의 욕구를 위해 봉사하는 사람이라고 보았다. 배려 리더는 머리가 아닌 가슴으로, 통제가 아닌 헌신으로 이러한 일을 한다.

뜻밖의 작은 배려가 사람의 마음을 움직인다.

 Act!

내가 가장 싫어하는 사람을 떠올리고, 그 사람의 장점을 생각하고 말한다.

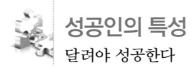

성공인의 특성
달려야 성공한다

『마시멜로 이야기(Don't Eat the Marshmallow Yet!)』(2005)에 다음과 같은 글이 있다.

> 아프리카에서는 매일 아침 가젤이 잠에서 깬다. 가젤은 가장 빠른 사자보다 더 빨리 달리지 않으면 죽는다는 사실을 알고 있다. 그래서 가젤은 자신의 온 힘을 다해 달린다. 아프리카에서는 매일 아침 사자가 잠에서 깨어 난다. 사자는 가젤을 앞지르지 못하면 굶어 죽는다는 사실을 알고 있다. 그래서 사자는 자신의 온 힘을 다해 달린다. 사자든 가젤이든 마찬가지다. 해가 떠오르면 달려야 한다.

이 이야기는 우리가 쉬거나 포기하지 않고, 매일 계속해서 최선을 다해 살아야 생존할 수 있다는 사실을 시사하고 있다.

오프라 윈프리(O. G. Winfrey)가 말했듯이 "탁월함은 모든 차별을 압도한다." 즉, 남보다 탁월해야 생존하고 성공한다.

리더십은 바로 성공을 뜻한다. 이 사회에는 '성공인'이 있고 '실패인'이 있다.

🧑 성공인의 리더십
팀 리더십 – 창조적 리더십 – 네트워크 리더십 – 감동의 리더십

> **Act!**
> 1. 내가 생각하는 성공의 의미는 무엇인가?
> 2. 삶이란 _____ (이)다.

주도적이고 긍정적이 되라!
(Be Proactive, Positive!)

성공인의 특징

- 표정이 밝다.
- 관용을 베푼다.
- 먼저 인사한다.
- 자신에게 책임을 돌린다.
- 여유가 있다.
- 반응을 보인다.
- 태도가 부드럽다.

캔터키 후라이드 치킨: KFC의 창업자 샌더스(C. H. Sanders)는 65세의 나이에 불굴의 의지로 미국과 캐나다에 600개 이상의 체인점을 모집하고 사업을 번창하게 만들었다. 그의 성공 이야기는 나이가 성공을 가로막는 장애물이 아니라는 사실을 보여 주었다.

성공 기법

- 비전을 선언한다.
- 목표를 알린다.
- 모범을 보인다.
- 베풀고 나누어 준다.
- 미래 이력서를 쓴다.
- 지식을 축적하고 공유한다.
- 생각, 행위, 말의 변화를 일으킨다.
- 권한을 위임한다.
- 열정을 일으킨다.
- 관계를 형성한다.
- 독서하고 메모한다.
- 비전로드맵을 만든다.
- 결점을 확인하고 관리한다.

Act!

주도적이고 긍정적인 성공인의 사례를 주변이나 영화, 소설, 역사 속에서 찾아 이야기한다.

자연의 배려 리더
배려 리더는 '똑게'다

리더십 매트릭스(Matrix)

	여유 있음	아랫사람이 피곤함
똑똑함	똑게	똑부
멍청함	멍게	멍부
	게으름 불필요함	부지런함 가장 나쁨

'똑게'는 조직구성원들을 편안하게 하면서 효과성을 발휘한다.

배려 리더의 역할

안내자	동반자
지원자	상담자

 Act!

내가 생각하기에 배려 리더가 어떤 사람인지 한 문장으로 설명한다.

배려리더십의 특성
리더십은 미감유창으로 바뀐다

배려리더십은 아름다움, 감성, 부드러움, 독창성으로 설명할 수 있다.

역설적으로 안전 운행을 하는 사람은 승리를 맛볼 수 없다. 승리를 얻기 위해서는 실수를 무릅쓰는 모험을 해야 한다.

리더십의 개발

자연인의 배려리더십
자연은 이중성의 조화로 이루어져 있다

자연에 대한 새로운 이해	
강약(强弱), 미추(美醜), 정사(正邪), 유무(有無), 장단(長短), 남녀(男女), 음양(陰陽)	화(禍)와 복(福), 동(動)과 정(靜), 밝음과 어둠

자연인은 민첩성과 신중함을 함께 지닌 사람이다. 즉, 겨울에 천천히 시내를 건너는 코끼리의 신중함과 사방을 경계하면서 살피는 개의 민첩함을 함께 지닌 사람이 자연인이다.

자연을 통해서 본 인간 관계 기술은 '위선을 수반하지 않는 이중성의 관계양식'이며, 그것을 풀이하면 친하면서도 멀리하고, '소원하면서도 가깝게 여김(친이원 소이근, 親而遠 疏而近)'이다.

리더로서의 자연인은 감정을 드러내지 않고 행동을 적게 하고 '안정된 사람(성인치중, 聖人輜重)'이다. 자연인은 그대로의 모습을 보이는 사람이다. 키가 크게 보이려고 발끝으로 서 있거나 억지로 가랑이를 벌리고 걷는 사람은 자연인이 아니다.

자연인은 스스로 알면서도 자신을 드러내지 않고 자신을 사랑하면서도 존귀하게 여기지 않는다(시이성인자지부자현, 是以聖人自知不自見, 자애부자귀, 自愛不自貴. 도덕경 제72장). 배려 리더는 이런 사람이다.

자연의 사랑 = 자애로움 + 대수롭지 않게 여김

배려자와 피배려자
배려자는 이중 잣대를 지닌 사람이다

사람은 '정복되지 않는'이란 뜻을 가진 다이아몬드처럼 소중한 존재다.

'배려자'와 '피배려자 또는 배려 못하는 사람'과의 차이점은 무엇인가?	
배려자 이중적 관점 = 나 + 상대방	피배려자 또는 배려 못하는 사람 나의 관점

상대방의 필요(need), 바람(want)을 알면 배려자가 된다. 상대의 관심과 목표가 무엇인지를 아는 것이 중요하다. 리더십을 갖춘 사람은 타인의 목표도 배려할 줄 안다.

여유있게 일을 처리한다. 일의 가치는 타인에 대한 배려와 섬김에서 나온다. 정성을 쏟아부으면 지겹지 않게 된다. 꿈과 정서를 공유해야 관계가 유지된다.

배려능력 = 배려를 받은 경험 + 배려를 베풀었던 경험

배려능력은 실천 경험을 통해서 형성·발달된다. 배려능력은 배려를 받았던 경험과 배려를 베풀었던 경험에 의존한다. 배려하거나 배려를 받을 때 배려능력은 길러진다. 배려능력을 향상하기 위해서는 배려를 실천하는 일이 수반되어야 한다.

배려의 본질
바람(want) > 의무(duty)

　배려는 '실천'을 수반하고 상대의 마음을 치유하게 만들며, 상대방의 성장을 촉진시키는 일이다. 또한 상대방의 필요(need)와 바람(want)을 의무(duty)보다 우선시하는 일이다.

서로를 신뢰할 때 남을 배려하게 되고,
배려하면 곧 행복해진다.

케어링 (caring)	배려란 상대방의 입장에서 생각하여 그의 성장을 돕고 환경을 개선하는 일
코칭 (coaching)	문제를 해결할 수 없는 무력(−)한 상대방을 제로(○) 상태에까지 끌어올려 주는 help, 자신의 힘으로 문제를 풀 수 있는 제로 또는 유력(+)한 사람의 능력과 가능성을 더욱 촉진해 주는 support를 포함하는 일 Ennomoto, H. (1999). *Effective coaching*. 황소연 역(2003). 코칭의 기술. 서울: 새로운제안. pp. 56-57.
멘터링 (mentoring)	풍부한 경험과 전문 지식을 갖고 있는 멘토(Mentor)가 일대일로 전담하여 멘티(Mentee)를 지도·코치·조언하면서 성인으로 성장할 때까지 능력과 잠재력을 개발·성장시키는 지속적인 활동

배려의 정의
배려는 구체화하는 일이다

- 복지, 건강에 대해서 책임감을 느끼는 것
- 요구를 요구로 느끼지 않는 것
- 피배려자의 주변세계, 인간관계를 개선하는 일
- 상대의 마음을 치유하는 진실한 관심과 사랑의 행위
- 상호의존 · 관계성 · 공유 · 신뢰 · 기쁨 · 평화 등의 가치를 실천하는 일
- 어떤 대상에 대해서 부담을 느끼고 초조해하고 염려하는 것

배려 = 나에 대한 배려 + 남에 대한 배려
배려의 계속성 - 지속적인 배려가 필요

배려는 인간관계를 유지하고 향상시킨다.

관계성의 실현은 곧 기쁨을 의미한다. 기쁨은 자신의 진실된 존재에 대해 용감하게 '예'라고 감정적으로 표현하는 것이다.

막 출발하려는 기차에 간디가 올라타다가 간디의 신발 한 짝이 벗겨져 플랫폼 바닥에 떨어졌다. 기차가 이미 움직이고 있었으므로 간디는 그 신발을 주울 수 없었다. 그때 간디는 얼른 나머지 신발 한 짝을 벗어 그 옆에 떨어뜨려 놓았다.

『마음을 열어 주는 101가지 이야기』에 나오는 내용이다. 간디(M. K. Gandhi)는 가난한 사람이 바닥에 떨어진 신발 한 짝을 주웠을 때를 생각해서, 나머지 신발 한 짝마저 내려놓은 것이다. 이것이 의도하지 않게 습관적으로 남을 먼저 생각하는 마음이며, 바로 배려다.

작은 배려가 친밀감을 전해 준다. 쉽게 감동하고 구체적으로 칭찬을 하며 남을 소중히 여기는 사람은 매력이 있다. 주변에 사람들이 모여드는 사람이 배려의 자질이 있다.

금전으로 집을 살 수 있지만, 가정을 사지는 못한다.
지위를 살 수는 있지만, 존경을 사지는 못한다.

Money can buy a house but not a home;
can buy you a position but not respect.

 Act!

우리 주변에서 경험한 마음을 열어 주는 1가지 이야기를 찾아 들려준다.

배려의 의미 1
관계를 유지 · 개선하는 일이다

안전감과 평정심을 얻는 하나의 방법:

운동과 일 그리고 놀이를 결합하는 일

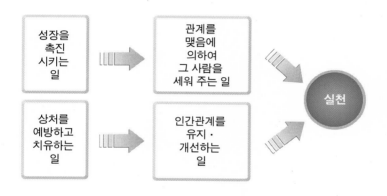

크게 되기 위해서는 먼저 작게 시작해야 한다

배려(Caring) – 작은 것의 실천

 Act!

내가 정의한 배려를 한 문장으로 말한다.

배려의 의미 2
배려는 원하는 바를 만족시키는 일이다

『도덕지능 MQ(The Moral Intelligence of Children: How to Raise a Moral Child)』의 저자 로버트 콜스(R. Coles, 1998)가 말한 것처럼, 첫째도 둘째도 셋째도 친절(hospitality)이 배려다.

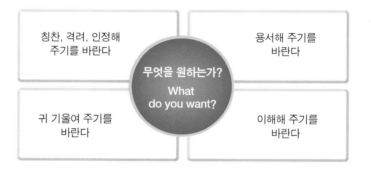

배려는 상대의 바람(want), 필요(need), 욕구(desire)를 충족시켜 주는 일이다.

Caring = Want에 집중하는 것
배려의 선행 조건 - 몸과 마음을 가볍게 하는 것

 Act!

천사가 하늘을 날 수 있는 이유는 무엇일까?

배려의 의미 3
배려는 코칭과 멘터링을 포함한다

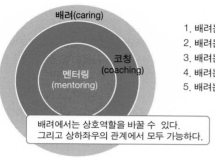

1. 배려는 사소하지만 위대한 것이다.
2. 배려는 받기 전에 먼저 주는 것이다.
3. 배려는 매일 노력해야 하는 것이다.
4. 배려는 자연스럽고 행복한 것이다.
5. 배려는 상대방이 원하는 것을 주는 것이다.

배려에서는 상호역할을 바꿀 수 있다.
그리고 상하좌우의 관계에서 모두 가능하다.

배려의 시작: 웃음, 미소,
포옹, 애정적인 접촉

배려는 원할 때 돕는 일이다

좋은 배려	그릇된 배려
• 소극적 배려(negative caring): 현명한 부모는 TV를 끄라고 하지 않고 몰래 꺼 둠	• 나비가 되려고 허물을 벗으려는 고치를 인위적으로 돕는 일 • 말을 많이 하는 것 • 벼룩 60cm – 높이 20cm의 뚜껑을 덮음

* 소극적 배려는 강제적이지 않은 보살핌, 돌봄을 말한다.

Q 애인이 질병에 걸렸을 때, 그 애인이 내가 떠나 주기를 원한다면?

그에 대한 배려의 선택으로 그를 만나지 않을 수 있으며, 병든 연인을 떠나는 것이 배려의 방법이 된다. 이때 배려자와 피배려자와의 관계성이 결여되어 있으며, 감응성이 없다. 그렇다고 해서 이러한 행위를 배려가 아니라고는 말할 수 없다.

배려의 관점
남을 먼저 고려하는 일이다

상대방의 흥미, 적성, 능력, 필요, 기호를 고려하는 것

구약성경: 신에게 순종하는 아브라함(Abraham)은 그의 아들인 이삭(Issac)을 데리고 함께 재물을 바치곤 했던 모리야(Moriah) 산으로 올라가서 재단을 쌓고 나무로 된 재단 위에 아들을 묶어서 눕힌다. 그리고 아브라함은 자신의 아들을 죽이려고 칼을 든다.

배려의 관점	정의의 관점
자신이 가장 소중히 여기는 아들을 절대로 희생시키지 않는다.	원칙, 약속, 의리를 수용하기 위해 자신의 자식을 희생한다.
범인과 희생자들에게 더욱 관심을 갖는다.	어떠한 벌이 내려지는가에 대해 관심을 갖는다.

배려란 남의 입장을 나의 입장보다 우선시하고, 타인의 어려움이나 필요에 응답해 주는 것, 염려, 근심, 전념하고 책임감을 느끼는 것, '사랑의 노동(labour of love)', 여성적 도덕성을 의미한다.

배려 관점은 밖에서 자신을 들여다볼 수 있는 능력인 탈중심성, 다양한 관점, 전체적으로 사물을 보는 '홀리스틱적 사고(holistic thought)', 패러다임의 전환을 의미한다.

배려(care)와 정의(justice)
배려는 치유하는 일이다

A가 B를 위해, 또는 A가 B에 관해 실행하는 것이 아니라 A와 B가 함께 관계를 맺고 더불어 돌보는 능력-배려

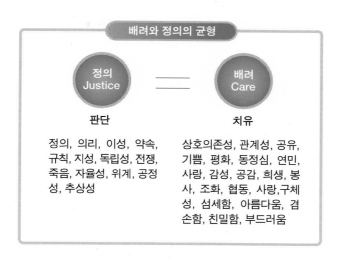

배려와 정의의 균형

정의 Justice	배려 Care
판단	치유
정의, 의리, 이성, 약속, 규칙, 지성, 독립성, 전쟁, 죽음, 자율성, 위계, 공정성, 추상성	상호의존성, 관계성, 공유, 기쁨, 평화, 동정심, 연민, 사랑, 감성, 공감, 희생, 봉사, 조화, 협동, 사랑, 구체성, 섬세함, 아름다움, 겸손함, 친밀함, 부드러움

균형 = 중용 = 조화

배려의 대표적 특성은 '치유하는 일'이다. 이토 아키라(伊東 明)의 『사람을 움직이는 리더의 비밀(人望とはスキルである カッパ・ブックス)』에서 보면, 칭찬하는 일도 상처를 치유하는 하나의 방법일 듯 싶다. —내면을 칭찬한다, 결과나 성과가 아니라 과정을 칭찬한다, 과거에 비교해서 칭찬한다, 구체적으로 칭찬한다, 제삼자를 칭찬한다.

배려 유형
자연적 배려는 모든 배려의 기초다

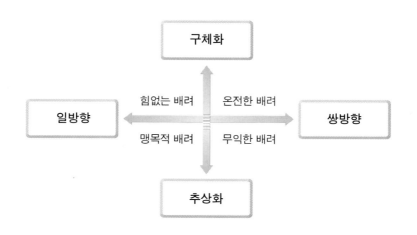

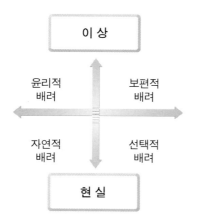

자연적 배려는 누구에게나 선천적·본능적으로 있는 것으로 자신의 가족을 보살피는 일이며, 보편적 배려는 모든 사람을 돌보는 일이고, 윤리적 배려는 잘 모르는 사람이나 싫어하는 사람조차도 보살피는 일이다. 선택적 배려는 특정한 사람을 골라서 돌보는 것을 뜻한다.

참된 배려와 그릇된 배려
배려는 헌신이지 의무가 아니다

A가 양로원에 어머니를 맡기고 그 비용을 책임지며 보살피고 있다.

(1) 나는 보살핀다. 나는 자주 모친을 생각하고 그녀를 염려한다. 이것
　　은 대단한 짐이다.
(2) 나는 보살핀다. 나는 모친을 더 자주 찾아뵈어야 하지만 할 일이
　　너무 많다. 집안에 아이들이 많고, 오랜 시간을 일하며, 나와의 대
　　화를 필요로 하는 아내가 있다.
(3) 나는 보살핀다. 나는 돈을 지불하고 있지 않은가? 내게는 그 일을
　　할 수 있는 형제자매들도 있지만 말이다.

(1)의 경우 A는 배려의 제공자로서 그가 자신에게 할 수 있는 만큼
의 배려를 모친에게는 제공하지 않고 있다. 그는 배려에 대해 부담
을 느끼며 그의 관심은 자신과 자신에 대한 염려들로 가득 차 있기
때문이다. 이런 상황에서는 배려자가 그 일의 책임이나 의무에 압도
되어, A 자신이 배려의 대상이 되어 버린 것이다.

(2)의 경우에서 A는 헌신하고 있는 일들을 계속할 수 없음을 발견
한다. 그는 배려와 관련하여 어떻게 삶을 꾸려 나가야 할지에 대하
여 여전히 갈등하고 있다.

(3)의 경우도 A는 그의 어머니를 돌보지 않고 있다. 왜냐하면 그의 관
심사는 형평성이다. 그는 자신이 어머니를 돌보는 것으로 다른 사람에게
배려자라는 인정을 받기를 원한다. 그는 마지못해 돌보고 있으며, 배려를
대체할 수 있는 다른 대상을 찾고 있는 것이다.

Noddings, N. (1984). *Caring: A Feminine Approach to Ethics and Moral Education*.
LA: University of California Press.

:배려는 효과성을 증대시킨다

한국의 문화적 가치와 사회적 규범은 화(和)를 중요시한다. 또한 우리 사회는 대인관계와 단체적인 복리를 강조하는 집단 지향적 사회이기 때문에, 한국인은 항상 자기 자신의 욕구에 앞서 타인과 집단의 이해를 우선적으로 고려하는 의식에 익숙해져 있다.

부하에 대한 리더의 관심과 배려의 강화는 리더십에서 다른 어떤 요인보다 조직 효과성을 증대시킬 수 있는 주요인이라고 볼 수 있다. 예컨대, 따돌림받는 부하들에게 개인적인 관심을 보이는 것, 부하들을 조직의 한 단위로서가 아니라 인격적으로 대우해 주는 것은 부하 자신으로 하여금 집단 내 가치 있는 일원으로 느끼게 함과 동시에 팀 내 다른 구성원 간 신뢰감을 증진시켜 팀 성과에 긍정적 영향을 미치게 된다.

 Act!

배려자와 피배려자의 차이점은 무엇인가?

배려의 실천 과정
배려리더십의 끝은 실천이다

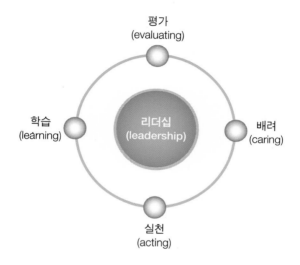

평가
(evaluating)

학습
(learning)

리더십
(leadership)

배려
(caring)

실천
(acting)

　리더십은 실천이다. 1g의 실천이 1t의 계획보다 낫다. 행동하는
힘이 강해야 한다. 리더는 강한 실천력을 통해서 자신과 주위를 변
화시키는 힘이 있는 사람이다.

　의지는 있어도 행동으로 옮기는 실천은 쉽지 않다. 백화점을 처음
으로 설립한 미국의 워너메이커(J. Wannamaker)는 어린 시절 혼자
서 벽돌을 날라 교회 앞 불편한 길을 새벽마다 포장했다. 그리고 2달
러 75센트짜리 가죽 성경책 값을 교회 선생님께 갚기 위해 1년 반의
기간 동안 그의 아버지가 운영하는 벽돌 공장에서 벽돌을 나르는 아
르바이트를 했다.

2. 품성(Character)

겸손, 존경, 검소, 절제, 청결, 예절, 관용, 인내

다음의 진술을 읽고 '그렇다'와 '아니다'로 답한다. '그렇다'가 8개 이상이면 리더십이 대단히 높고, 5~7개는 리더로서의 태도와 리더십의 자질이 있는 것으로 볼 수 있다. 4개 이하인 경우라도 리더십 훈련 여부에 따라 얼마든지 리더십이 향상될 수 있다.

1. 청렴, 검소, 겸손한 생활을 하고 있다.
2. 절제하며 몸과 마음이 깨끗하다.
3. 신중한 태도를 취하며, 민첩하게 행동한다.
4. 남의 잘못을 용서하는 성향이 강하다.
5. 사람을 탓하거나 불평을 늘어놓지 않는다.
6. 주위의 사람들로부터 존경을 받고 있다.
7. 심성과 태도가 정중하고 친절하며 온유하다.
8. 사고와 행동이 물처럼 유연하고 산처럼 중후하다.
9. 약한 사람들을 측은하게 여기는 연민과 동정심이 있다.
10. 내게는 단조로움, 번거로움을 참아 내는 인내심이 있다.

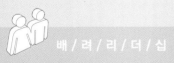
배/려/리/더/십

배려의 사고
관계적 사고는 홀리스틱적 사고, 협력적 사고다

남의 생각이 옳을 수도 있다는 생각이다. 내 책상을 닦을 때, 남의 책상도 청소해 주려는 사고다. 배려의 사고는 나의 관점과 남의 관점을 동시에 지니고 세계를 보는 패러다임이다. 한 면만을 보지 않고 여러 면을 보는 안목은 타인과 사물을 잘 이해할 수 있게 해 준다. 사람은 시간과 공간의 수많은 좌표 선상에서 다양한 존재의 모습을 하고 있는 것이다. 한 부분만을 보고 파악하는 것은 미성숙한 태도다.

비트겐슈타인(L. Wittgenstein)—
곰브리치(E. Gombrich) 도형

오리인가? 토끼인가?
어떻게 보이나요?
1. 오리다.
2. 토끼다.
3. 오리인데 토끼처럼 그린 것이다.
4. 토끼인데 오리처럼 그린 것이다.
5. 오리도 되고 토끼도 된다.
6. 오리도 아니고 토끼도 아니다.

1, 2번: 사리가 분명한 사람(흑백논리형)
3, 4번: 충성된 직장인(종속적 사고)
5번: 창의적인 사람(전인적 사고)
6번: 부정적인 사람(배제적 사고)

품성 – 비전과 능력
비전과 능력은 품성에 활력을 제공한다

신 뢰 (trust)	비 전 (vision)
변 화 (change)	행 복 (happiness)
능 력 (competence)	헌 신 (commitment)
품 성 (character)	동정심 (compassion)

품성 – 신뢰할 수 있는 충실함이다. 실수를 인정하며 약속을 지키는 일이다. 사람을 대하는 데 있어서 공정하고 올바르며 의무를 이행하는 것이다.

비전 – 변화를 위한 중요한 촉매제다. 비전은 임무, 진술이 아니고 살아 있는 현실이다. 비전은 사람들의 마음과 정신으로부터 온다. 비전은 유기적이다. 비전 제시 능력은 부하들에게 미래에 대해 꿈과 희망을 가지게 함으로써 조직 내 잠재적인 성장동기를 유발시키는 것을 말한다. 리더는 구성원에게 비전을 가지도록 하여 그 재능과 창조성이 분출될 수 있도록 해야 한다.

능력 – 슈바이처는 어린 시절부터 정치에 관심이 있었고 독서를 즐겼다. 리더로서의 능력은 이렇게 소년시절부터 쌓이는 것이다.

공부는 사람을 배신하지 않으며, 지식은 한번 습득하면 머릿속에 가볍게 지닐 수 있다. 물건은 잃어버릴 염려가 있지만, 지식은 늘 영혼의 양식이 된다.

좋은 품성에 비전과 능력이 더해지면 그것이 배려리더십이다.

 Act!

알파벳 C로 시작하는 리더십의 핵심요소를 1가지만 들고, 그것이 중요한 이유를 말해 보세요.

배려 리더 – 섬기는 리더

이기적인 리더	섬기는 리더
상대방의 피드백에 부정적으로 반응	상대방의 피드백에 긍정적으로 반응
후계자 양성에 소극적	후계자 양성에 적극적
교만, 두려움 → 인간관계 나쁨	겸손, 신뢰 → 인간관계 좋음
자기 자신의 성공만을 위한 리더십	세상에 긍정적인 변화를 주기 위한 리더십

Blanchard, K. & Hodges, P. (2003). *The Servant Leader*. 조천제 역(2004). 섬기는 리더 예수.
서울: 21세기북스. pp. 29-48.

이기적인 리더와 섬기는 리더의 차이점은 품성에 있다. 참된 리더는 품성(character)을 성격(personality)으로, 내면을 외면으로 발현하는 사람이다. 즉, 안에서 밖으로 리더십을 표출하는 사람이다.

배려 리더는 '낮은 곳에 머물기 ⇨ 비전, 사명, 목표 세우기 ⇨ 소리 없이 길을 닦기 ⇨ 차별 없이 한 방향으로 정렬하기 ⇨ 드러내지 않고 임파워링하기'의 순으로 리더십을 발휘한다.

성경에 나오는 인물 다윗은 섬기는 리더십이 있었다. 반대로 교만한 리더는 주변 사람들을 대체로 적으로 생각하면서, 약자에게는 강하고 강자에게는 비굴하다. 겸허한 사람은 편견 없이 사람을 진심으로 대하기 때문에 협력자가 지속적으로 생긴다.

또한 온유한 성품의 모세는 먼저 남을 위해 기도했고, 자신을 위해서는 마지막에 기도한 진실로 섬기는 지도자였다.

겸손
겸손에는 섬김이 있다

공자의 말처럼 군자는 태연하되 교만하지 않고 소인은 교만하되 태연하지 않다. 소인은 '노루 제 방귀에 놀라듯' 경솔하고 침착하지 못하며, 원인도 모르면서 자신의 욕심만 챙기고 '미꾸라짓국 먹고 용트림한다'는 말처럼 큰 인물인 척한다. '조잘대는 아침 까치나 좁쌀여우' 같은 인물일 것이다.

교만한 사람은 자존심이 너무 강해서 자신의 약점을 인정하지 않고, 타인의 장점을 보지 못한다. 따라서 남들의 의견을 듣는 경청의 태도가 부족하다.

겸손한 사람은 '반드시 ~해야 한다(ought to, must).'를 사용하지 않는다. 겸손과 개방성이 있는 사람은 섬김의 모습이 있다. 섬김은 윗사람이 아랫사람을, 많이 가진 자가 못 가진 자를 대할 때의 모습이다. 아랫사람은 질서에 대한 순종이 필요하다. 리더는 기꺼이 부족한 사람이 되어야 한다. 그것이 오히려 진실을 얻을 수 있는 유일한 방법이기 때문이다.

> 나에게는 세 가지 보배가 있어 그것을 보배롭게 지니고 있으니 첫째는 인자함이고, 둘째는 검소함이며, 셋째는 천하에 앞서지 않음(겸손함)이다.
>
> 我有三寶 一曰慈 二曰儉 三曰不敢爲天下先
> (아유삼보 일왈자 이왈검 삼왈불감위천하선)
>
> 『도덕경』 제67장

리더에게는 버려야 할 것 세 가지가 있으니, 곧 심하게 하는 짓, 사치함, 교만함이다.

聖人去甚去奢去泰
(성 인 거 심 거 사 거 태)

『도덕경』 제29장

자신에게 정직하면 신뢰를 쌓을 수 있다. 절제된 언행은 리더에게 품격을 가져다준다. 남보다 먼저 행동하고 희생하는 자가 리더다.

『목민심서(牧民心書)』에 나타난 리더십으로서의 품성은 신중하고 근엄함, 검소함, 청렴함, 인자함이다. 신중하고 근엄함은 몸가짐이 단정하고 중후하며 절도가 있음을, 검소함은 절용(節用)과 검약(儉約)의 실천을, 청렴함은 염결(廉潔), 즉 청렴하고 깨끗함을, 인자함은 동정과 관용의 사랑을 말한다.

다산 정약용은 신중하고 근엄함, 검소함, 청렴함, 인자함의 품성 계발을 위한 제1방법을 신독(愼獨)으로 들고 있다. 신독은 곧 성(誠)이며, 삼가고 두려워하는 일이다. 이러한 신독은 자기치유의 근본적인 방법이다. 다산은 신중하고 근엄함, 검소함, 청렴함, 인자함의 순서로 리더십으로서의 품성 계발이 된다고 이해했다.

 Act!

사람을 평가하거나 채용할 때 능력보다 중요한 기준은 무엇인가?

존 경
존경이 리더십의 완성이다

5단계 리더십완성 (존경)	새로운 리더의 권위를 세워 주고, 멘토와 상담자가 됨. 훌륭한 인격의 단계로 주변 사람들이 나를 존경함
4단계 리더양성 (재생산)	인물들을 개발하고 양성하는 데 최우선을 둠
3단계 성과 (결과)	비전 선언문을 만들고, 모범을 보이며, 변화추진자가 됨
2단계 허용 (관계)	사람들을 사랑하고, 타인의 관점에서 현상을 보며, 참여를 유도하고, 승-승(win-win)을 택함
1단계 지위 (권한)	직위에서 나오는 리더십, 직무를 정확히 파악하고, 탁월하게 책임 있게 일함

위의 도표는 2005년 맥스웰(J. Maxwell)이 내한하여, 잠실체육관에서 여유 있는 모습으로 편안하게 리더십 강연을 했을 때 메모한 것이다. 그의 저서 『리더십의 법칙(Developing the Leader Within You)』(2005)에서도 이 5단계 리더십의 내용이 나와 있다. 여기에서 보듯이 자신의 직위에서 비롯되는 리더십은 가장 초보적인 수준이다. 사랑을 베풀고 협력하는 리더십은 2단계이며, 모델링과 성과를 드러내는 것은 3단계에 속하고, 슈퍼 리더십의 발휘는 4단계이며, 추종자들로부터 존경을 받는다면 그것이 가장 성숙한 리더십 수준인 것이다.

자연성
자연성은 부드러움과 강함의 혼합이다

제주 성산일출봉

지혜로운 사람은 물을, 어진 사람은 산을 좋아한다. 지혜로운 사람은 동적이며, 어진 사람은 정적이다. 지혜로운 사람은 즐겁게 살며, 어진 사람은 오래 산다. 그러므로 지혜로우면서 어진 사람은 물과 산을 좋아하며, 동적이면서도 때로는 정적이고, 즐겁게 오래 산다.

知者樂水, 仁者樂山, 知者動, 仁者靜, 知者樂, 仁者壽.
(지자요수, 인자요산, 지자동, 인자정, 지자낙, 인자수)

『논어(論語)』 공야장편(公冶長編)

자연의 배려 방법

사물을 있는 그대로 두고 조용히 살펴보는 방법이 바로 자연의 배려 방법이다. 그러나 자연은 따뜻한 햇빛을 주기도 하지만 때로는 천둥, 번개, 비바람으로 강하게 하기도 한다.

배려 리더의 판별
리더는 파괴적이지 않고 건설적이다

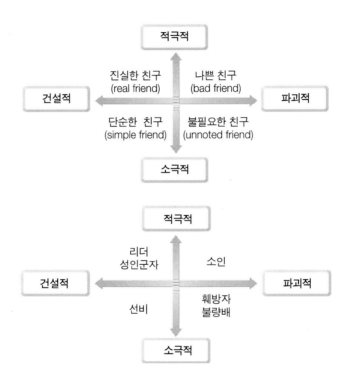

배려 리더: 오른손이 한 것을 왼손이 모르게 한다. 방에 들어가 문을 닫고 은밀하게 기도한다. 근심과 두려움을 버린다. 담대하다. 남을 기쁘게 한다. 검소하고 절제한다.

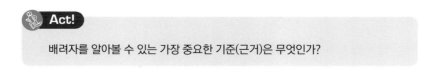

Act!

배려자를 알아볼 수 있는 가장 중요한 기준(근거)은 무엇인가?

부드러움
부드러움은 절제와 청결로부터 생겨난다

전기치유(專氣致柔)

부드러운 사람은 화내고 큰소리치는 일이 적다. 부드러움에 이르기 위해서는 식색(食色)의 절제와 심신의 청결이 요구된다. 전기치유인 것이다. 사람이 살아 있을 때에는 부드럽고 가냘프지만 죽으면 마르고 뻣뻣해진다. 만물이나 초목도 살아 있을 적에는 부드럽고 가냘프지만, 죽으면 마르고 뻣뻣해진다. 크고 강한 것은 아래층에 속하고 부드럽고 약한 것이 정점에 속한다. 모난 것이 둥근 것이 되려면 수천 년의 세월을 필요로 한다. 물보다 약한 것은 없지만 단단한 것을 쳐 이기는 데에는 그것을 이길 자가 없다.

원형 식탁은 사람을 부드럽게 만든다. 부드러운 갈대는 토네이도가 불어도 살아남는다. 사람의 혀는 통계적으로 질병의 확률이 가장 낮다.

Act!

1. 리더십의 관점에서 물의 특성을 열거하고 서로 의견과 느낌을 나눈다.
2. 자연, 동식물에 비유하여 나의 리더십을 말해 본다.

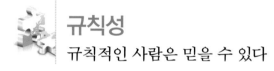

규칙성
규칙적인 사람은 믿을 수 있다

자기 중심적이거나 감정이 메마른 냉정한 사람은 도덕지능이 낮다. MQ(moral intelligence)가 높은 사람은 허구, 가식, 경박함이 없으며, 경험과 표현이 일치한다. 겉과 속이 같은 사람은 순수성, 진실성이 있는 성숙한 자다.

정중함(신중함)	친절함
겸손함	온유함

남을 무시하는 사람은 도덕지능이 낮다. '예'와 '아니요'를 분명하게 말하면 MQ가 높아진다. 관찰과 모방이 도덕성을 향상시킬 수 있다. 신화, 우화, 동화-도덕성을 높인다. 도덕성의 근원은 심신의 강함에 있다. 불규칙적인 사람은 믿을 수 없다. 인격 형성은 첫째 마음과 행위의 법칙, 둘째 진실성, 셋째 사랑에 있다. 칸트(I. Kant)는 매일 아침 5시에 일어나고 10시에 취침했다. 규칙을 세워서 그것을 지키는 자는 신뢰받는다.

- 청결과 절제는 인간의 의무다.
- 잔인한 사람은 남에게 주는 것이 적다.
- 자기 중심적 사고에서 타인 지향적 사고로 바뀌는 과정이 품성 계발이다.

MQ 증진 방법
모델링으로 매력을 보여 준다

- 남을 존중, 존경한다.
- 관찰과 모방을 한다.
- 신화, 우화, 동화를 읽는다.
- 청결과 절제를 실천한다.
- 남에게 양보하고 베푼다.
- 몸과 마음을 단련한다.
- 규칙적으로 생활한다.
- '예'와 '아니요'를 분명하게 말한다.

내 것을 주변 사람들에게 나눠 주면 길러지는 능력이다. 정직을 얻는 가장 안전한 방법은 관대함을 갖거나, 자기의 것을 다른 사람에게 나눠 주는 것이다. 베풀면 존경 · 칭찬을 받게 되며, 결국 더욱 친절하고 예의 바르게 된다.

MK 택시의 회장 재일 교포 유봉식은 재산이 많지만, 자기 집을 소유하지 않고 세 들어 살고 있다.

모델링은 조직 내에서 슈퍼리더십과 셀프리더십의 능력 개발을 촉진하는 데 없어서는 안 될 중요한 수단이다.

존경하는 사람을 만든다. 존경하는 리더가 있는가? 존경하는 사람이 없으면 그 사람도 존경받지 못하는 인물이다.

밥을 배불리 먹고 옷을 따뜻하게 입어 편안히 살면서 아무런 교양이 없다면 곧 짐승에 가깝다.

飽食暖衣 逸居而無敎 則近於禽獸
(포식난의 일거이무교 즉근어금수)

『맹자(孟子)』 등문공상(滕文公上)

이순신은 한국을 대표하는 리더의 모델이다. 근세 일본사에서는 "이순신은 이기고 죽었으며 죽고 나서도 이겼다. 조선 전쟁 7년간에 참으로 이순신 한 사람을 자랑삼지 않을 수 없다. 일본 수군의 장수들은 이순신이 살아 있을 때에 기를 펴지 못하였다. 그는 실로 조선 전쟁에 있어서 조선의 영웅일 뿐만 아니라 동양 3국을 통하여 최고의 영웅이었다."라고 평가했다.

세종은 직접 자신을 드러내기보다는 훌륭한 인재들을 경영했다. 신하들의 말을 경청하고, 상생과 화합을 중시했다. 의사소통을 통해 인재를 관리했다. 천민 출신의 장영실을 발탁하여 재능을 우대했다. 독서와 토론을 즐기고 검소와 절약을 실천한 배려 리더다. 인(仁)을 베풀어 정치를 폈고(시인발정, 施仁發政), 아첨꾼을 멀리했다. 그리고 세종은 황희, 김종서 등의 신하에게서도 그들의 장점을 크게 인정했다.

세종의 세 종류의 인재 분류

뛰어난 사람, 물리쳐야 할 사람, 교화시켜야 할 사람

 Act!

내가 존경하는 3명의 인물을 들고, 그 이유를 말한다.

예 절
예절은 마음을 편안하게 한다

예절 예절 바른 사람은 모든 사람으로부터 존경받고 호감을 받게 된다. 스스로 비하하지 않으며, 비굴한 아첨도 하지 않으면서 타인을 편안하게 해 주는 사람은 어디에 가든지 환영받고 존경받는다. 신사는 실무 지식을 갖추고, 그 신분에 어울리는 예의가 있고, 그 지위에 맞게 유익한 일을 하는 사람이다. 예절, 세상을 아는 것, 덕, 근면 등은 많이 갖출수록 좋다. 예의 없는 사람의 용기는 타인으로부터 야만스럽다는 평가를 받게 된다. 리더는 예절이 있는 사람이다. 타인의 말에 반대할 경우에도 부드럽게 말하는 것이 예절이다. 반대할 경우에는 존경심과 선의를 표시해야 한다. 그렇게 하면 비록 반대를 한다 해도 그 사람에 대한 경의는 지킨다.

예절은 천성적인 완고함을 유연하게 만들고, 유순한 사람이 되게 한다. 좋은 예절이란 타인의 마음을 편안하게 해 주며, 만남을 기뻐하는 것이다.

농담 타인의 결점을 들춰내는 데 있어서 가장 세련된 방법이다. 농담은 기지와 훌륭한 말솜씨를 필요로 한다. 농담은 동료들을 즐겁게 해 주긴 하지만 반면에 잘못을 저지를 수도 있다. 농담할 때도 정확한 한계를 지킴으로써 타인에게 무례하지 않도록 해야 한다.

반박과 난폭함 　반박도 일종의 흠잡기를 좋아하는 것이다. 무례함이란 난폭함, 경멸, 흠잡기를 좋아함, 까다로움 등을 말한다. 난폭함은 야만 행위다. 난폭함은 타인에게 무례하고, 경의를 표하지도 않는 것이다. 자기 자신의 기분을 제멋대로 내보인다. 자기에게 반대하는 사람이 자기를 어떻게 생각하는가에 무관심하다. 사람들은 난폭함을 혐오한다. 예의 바른 사람은 조금도 난폭하지 않다.

품성과 매너 　기다릴 줄 아는 인내, 부드럽고 강함, 말을 적게 하는 습관 등은 품위 있는 매너를 숙성시킨다. 축적된 지식과 인생 경험은 멋진 태도의 바탕이다. 시간, 장소, 상황을 고려해서 말하고 행동하는 것이 매너다. 외면의 태도는 내면의 품성으로부터 만들어진다. 이러한 매너는 기쁨과 행복의 조건이다. 매너에는 나와 남을 배려하는 마음, 주고받는 마음이 담겨 있다. 품성은 매너로 나타난다.

사랑은 넓게! 우정은 깊게!

모임에서 멋진 멘트와 함께 건배를 제의하는 것도 매너다. '우리들의 행복한 시간을 위하여(우행시)' '진실하고 달콤한 내일을 위하여(진달래)' '개인과 나라의 이상을 위하여(개나리)' 등의 건배사가 있다. 또한 송길원 목사가 제창한 '나라·가정·자신을 위하여(나가자)' '당당하게 살자·신나게 살자·멋지게 살자·져 주면서 살자(당신 멋져)' 등의 구호도 절도 있는 매너를 보여 주는 듯하다.

 Act!

내가 이해하는 멋진 신사(숙녀)는 어떤 사람인지 서로 의견을 교환한다.

 사랑

배려	타인의 필요와 바람을 충족시키는 것
인내	자신을 조절, 통제하는 것
친절	관심, 인정, 격려하는 것
겸손	진실하고 꾸밈이 없으며, 자랑하지 않는 것
존중	타인을 소중하게 대우하는 것
관용	잘못을 하더라도 꾸짖지 않는 것
정직	속이지 않는 것
헌신	자신의 선택에 전념하는 것

위 내용은 헌터(J. C. Hunter, 2002)의 『서번트 리더십(The Servant Leadership)』에 나타난 덕목을 참조하여 정리한 내용이다. 헌터는 이것들을 사랑의 요소로 들었다. 인내부터 헌신까지의 7가지 덕목은 배려 하나의 가치로 통합된다. 즉, 배려는 이 모든 덕목을 꿰뚫는 가치다.

케어링, 즉 배려는 주는 것, 베푸는 일을 말한다. 그리고 나를 먼저 돕는 일에서부터 케어링은 시작된다.

그러고 나서 타인에게 정(情)을 주고 관용을 베풀며 상대방의 바람을 찾아서 섬긴다. 집현전에서 공부하다 잠든 신숙주에게 세종은 자신의 옷을 덮어 주었다. 임금에게 욕설을 퍼부은 죄인을 용서했으며, 출산한 여자 노비들에게 90일의 산후 휴가를 주기도 한 그는 남을 존중하고 섬기는 리더의 모델이다.

웰치와 마쓰시타의 리더십
웰치(J. Welch)의 4E 리더십

성실(Integrity, Fidelity)

열정 (Energy)	에너지를 일으키는 것 (Energize)
결단력 (Edge)	실천력 (Execute)

GE(General Electric)는 2006년 미국의 격주간 종합경제지인 포춘(Fortune)이 선정한 세계에서 가장 존경받는 기업 1위에 올랐다. GE에서는 생년월일이나 나이에 대한 기록이 없다. 다만 능력이 있을 뿐이다.

웰치는 대략 50개의 회사를 처분하고 미래첨단산업의 업체들을 그보다 더 많이 사들였다. 그는 창의적인 아이디어를 활용했고, 지식경영과 속도경영을 지향했다. 그가 원했던 것은 지구상에서 가장 벽이 없고 비관료적인 기업이었다. 물을 아주 뜨겁게 끓이면 개구리는 힘껏 점프해서 살아남는다고 한다. 그러나 물이 서서히 뜨거워지면 모든 개구리는 뛰어오르지 못하고 죽는다. 변화에 민감하게 대응하는 기업만이 살아남는 것이다.

나 자신부터 목표를 이루기 위해 변화한다. 홍정욱은 15세의 나이에 하버드 대학교 입학의 목표를 이루기 위해 잠을 줄이고, 같은 방 친구에게 피해가 갈 것을 염려하여 밤에 불을 켜지 않고 화장실에서도 공부를 했다. 꿈과 목표, 열정이 있고 그것을 이룰 수 있는 방법을 늘 생각하면 성취하지 못할 일은 없다.

조엘 오스틴도『긍정의 힘』에서 어떤 것이든 열정의 크기만큼 얻게 되므로 열정을 크게 지니라고 충고했다.

⁞ 마쓰시타 고노스케(松下幸之助)의 배려리더십

그는 초등학교 4년의 학력뿐이며, 부친이 사업에 실패하여 어린 시절 생활에 어려움이 많았다. 그는 일본 1위의 마쓰시타 전기를 창업했고, 85세에 정경숙(政經塾)을 개설했다.

그의 성공 비결은, 첫째 학력이 없었기 때문에 남의 의견을 잘 받아들였고, 둘째 몸이 약했기 때문에 부하 직원들에게 일을 맡기는 책임 경영을 했으며, 셋째 가난했기 때문에 금전의 고마움을 터득했다는 데 있다.

⁞ 마쓰시타 고노스케의 정경숙

동경 근교에 자리 잡은 정경숙은 작고 소박한 분위기의 조용한 학교다. 2006년 이곳에 가서 교장인 숙두(塾頭)와 부교장인 부숙두(副塾頭)로부터 설명을 들으면서 노트에 메모한 내용이다.

• 교육 목적: 소지관철(素志貫徹)—소박하고 깨

마쓰시타 고노스케의 동상

꿋한 뜻을 가지고 고난을 극복하여 열심히 학업에 정진하여 성공하는 것이다.

- 특징: 남에게 의지하지 않고 스스로 일어서는 자주(自主), 자습(自習), 진검을 사용하여 일본을 정복한 미야모토 무사시를 존경, 상주하는 교수(敎授) 없다. 본인이 스스로 지도자로 성장, 기숙사 생활, 인간됨을

정경숙 내부

배우고 수신(修身), 대학 졸업 후 입학, 일본을 먼저 알아야 하기 때문에 검도(劍道), 서예, 일본 전통문화 다도(茶道)를 가르친다. 눈이 오나 비가 오나 아침에 꼭 청소를 한다. 1년에 1번 100km 행군 실시를 하고 1인이 1번 학술포럼을 운영하며 현장학습을 자주 한다. 그러나 졸업장이 없고, 전임교수가 없다.

- 인재 선발의 기준: 입지(立志), 목표가 있는지의 여부, 선입견과 편견없는 순수한 마음, 심신이 건강한가의 여부다.

- 학생: 22~35세가 입학 자격이 있다. 학비는 무료이고, 용돈은 2,400만 원 정도 제공을 받는다. 국회의원 약 60명을 배출했다. 전체 졸업생은 218명이다. 현재 학생 14명, 직원 14명이다.

- 교육 내용: 커리큘럼이 유연하며, 세계가 교실이므로 특정한 교실도 만들지 않는다.

- 교육 방법: 절차탁마(切磋琢磨, 옥이나 돌 따위를 갈고 닦아서 빛을 낸다는 뜻으로, 부지런히 학문과 덕행을 닦음을 이름)로 표현되며, 좌선(坐禪)이 있다.

관용과 인내
배려는 관용과 인내를 필요로 한다

"배려의 가장 중요한 보답은 '기쁨'이다."

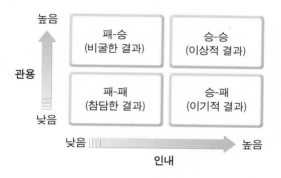

한홍(2005)이 『시간의 마스터』에서 말한 보잘것없이 작음(Little-ness), 조용히 봉사하고 사라지는 숨음(Hiddenness), 부드럽고 약함(Powerlessness)이 배려와 섬김의 기본적인 생각과 행동이다. 이것들은 배려의 소중한 태도다.

 Act!

리더에게 가장 필요한 1가지 덕목은 무엇인가?

3. 영향력(Empowerment)

**자아존중감(Self - Concept), EQ, SQ,
능력과 창의성(Competence & Creativity), 학습력,
카리스마, 여가와 휴식**

다음의 진술을 읽고 '그렇다'와 '아니다'로 답한다. '그렇다'가 8개 이상이면 리더십이 대단히 높고, 5～7개는 리더로서의 태도와 리더십의 자질이 있는 것으로 볼 수 있다. 4개 이하인 경우라도 리더십 훈련 여부에 따라 얼마든지 리더십이 향상될 수 있다.

1. 변화와 개선을 촉진하는 사람이다.
2. 심미적이고 쾌활하며, 정력적이다.
3. 구성원들의 동기를 촉진하며, 늘 격려한다.
4. 산책과 명상의 시간을 좋아하며 즐긴다.
5. 지적 능력과 창의성을 잘 발휘하고 있다.
6. 남에게 의존적이지 않고 주도적, 독립적이다.
7. 고난을 무릅쓰고 목표를 이루어 내는 의지가 있다.
8. 소속감, 자신감, 가치감, 행복감을 지니고 있다.
9. 주변 사람들을 기분 좋게 하고 무의도적으로 돕는다.
10. 공포, 양심의 가책, 굴욕, 사소한 일에 대한 근심, 우월감과 열등감 등에서 자유롭다.

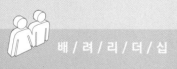

배/려/리/더/십

자아개념
자아개념은 자아존중감이다

- 가치감 향상: 잘못을 두려워하지 않고, 목표 달성을 위해 단계별 계획을 세움
- 소속감 향상: '우리'라는 단어를 즐겨 사용, 모임을 통해 연대의식을 고취
- 자신감 향상: 칭찬, 준비하는 태도, '하면 된다.'는 믿음
- 행복감 향상: 안전하게 인식하고, 만족과 보람을 느낌

  헬렌 켈러(H. A. keller)는 그녀의 저서 『사흘만 볼 수 있다면 (Three Days to See)』에서 자신의 소원은 "3일 동안 눈을 뜨고 세상을 보는 것"이라고 말했다. 눈을 뜨고 볼 수 있다면 먼저 애니 설리번(A. Sullivan) 선생님을 찾아가 그녀의 인자한 얼굴과 용모를 쳐다보면서 마음속 깊이 그 이미지를 간직해 두고 싶어 했다. 다음엔 친구들을 찾아가 그들의 모습과 웃음을 기억하고, 그다음엔 산책을 나가서 바람에 흩날리는 아름다운 나무 잎사귀들, 들에 피어 있는 예쁜 꽃들과 싱그러운 풀들 그리고 저녁이 되면 석양에 빛나는 아름다운 노을을

보고 싶다고 이야기했다. 다음 날 이른 새벽에는 먼동이 트는 웅장한 장면을 보고, 아침에는 메트로폴리탄에 있는 박물관, 오후에는 미술관 그리고 저녁에는 보석처럼 빛나는 밤하늘의 별들을 보며 또 하루를 지내고, 마지막 날에는 아침 일찍 출근하는 사람들의 얼굴 표정들을 바라보고, 오전에는 오페라 하우스, 오후에는 영화관에 가서 영화를 감상하고 그리고 저녁이 되면 진열된 다양한 상품들을 보며 집에 돌아와, 이 3일 동안만이라도 볼 수 있게 해 준 나의 하나님께 감사의 기도를 드리겠다고 기술했다. 이렇게 사람은 감사할 때 행복해지는 것이다.

행복한 리더는 유머의 창조자다. 유머로 공격하고 유머로 방어하는 일은 멋지다. 유머에는 공격형 유머와 방어형 유머가 있다.

- 공격형 유머: 상대방에게 모욕감을 주지 않고 상대방의 말을 날카롭게 지적하여 유머로 표현
- 방어형 유머: 상대방의 유머를 무디게 하고 웃음을 유발하여 긴장감을 완화

김진배(1999). 웃기는 리더가 성공한다. 서울: 뜨인돌.

행복의 증거는 웃음과 유머다.

 Act!

눈을 감고 명상을 하면서 오늘 하루를 감사한다.

자아개념의 4차원
자아개념은 부정적 감정을 줄여 준다

오늘날 많은 젊은이들이 의존심과 죄책감, 열등감, 자기 비방과 불신으로 자신을 괴롭히고 있다. 그들은 혼잡한 세상의 좌절뿐만이 아니라 해결하지 못한 어릴 적의 문제들과도 싸우고 있다. 어른이 되어서까지 따라다니는 비현실적인 생각과 건전하지 못한 태도 때문에 생기는 많은 갈등으로 시달리고 있다. 이러한 부정적 감정들을 줄여 주는 데 필요한 것이 자아개념(self-concept)이다.

자아개념은 "나는 누구이며 어떤 사람인가?"라는 인식과 느낌을 의미한다. 자기 자신을 올바로 이해하는 것은 어떤 일을 성공적으로 이루는 데 매우 중요한 역할을 한다.

자아개념은 네 가지 기본적인 차원, 즉 자신이 어떤 집단의 일부임을 느끼는 소속감과 자신을 가치 있는 사람으로 느끼는 가치감, 일을 성공적으로 할 수 있다고 느끼는 자신감 그리고 만족과 기쁨을 느끼는 행복감으로 구성되어 있다. 자아개념은 자신감과 밀접한 관계가 있는 것이다.

긍정적인 자아개념은 안정감과 자신감을 주어 생동감 있게 만들고 타인에게도 긍정적인 느낌을 전달하는 것이다.

자신을 사랑하는 것이 남을 사랑하는 것에 우선한다. 자아각성, 자아정체성, 자부심은 타인을 사랑하기 위한 필수적인 요건이다. 자아감이나 정체성을 갖는 일은 타인과의 관계 속에서 가능한 것이다. 사람은 외로운 섬이 아니다. 자기실현이 고립이나 타인을 희생하면서 자아를 발전시키는 것을 뜻하지 않는다.

정서 안정을 위해서는 쉽게 흥분하여 화내지 않고, 발걸음의 속도를 늦추며, 고요함을 즐기고, 평정심(tranquility)을 찾으며, 매일 최선의 것을 기대하고, 긴장을 풀어 넉넉한 힘을 기른다.

Peale, N. V. (2001). *Power of positive thinking*. 이갑만 역. 적극적 사고방식. 서울: 세종서적.

질문지

1. 나의 이름은?
2. 나는 평소에 행복한가? 슬픈가?
3. 내가 하기 싫어하는 일들은?
4. 자유 시간에 하는 일 중에서 가장 좋아하는 것은 무엇인가?
5. 친구들이 나를 좋아하게 만드는 점은 무엇인가?
6. 지금 추진하고 있는 나의 주요 목표에는 어떤 것이 있나?
7. 내가 인생에 있어서 가장 중요하다고 생각하는 것은?
8. 내가 가장 사랑했던 사람은 누구인가?
9. 지금까지 내가 이룩해 낸 가장 훌륭한 업적은 무엇인가?

Act!

SQ, EQ, MQ, 창의성이 각각 무엇인지 하나의 개념 또는 한 문장으로 정의한다.

자아개념의 분석
자아개념 증진은 내가 누구인지 아는 데 있다

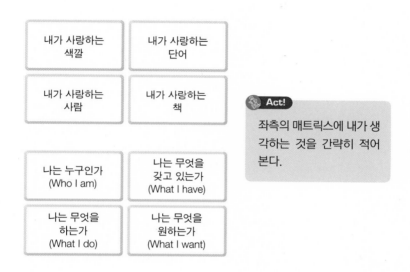

내가 사랑하는 색깔	내가 사랑하는 단어
내가 사랑하는 사람	내가 사랑하는 책
나는 누구인가 (Who I am)	나는 무엇을 갖고 있는가 (What I have)
나는 무엇을 하는가 (What I do)	나는 무엇을 원하는가 (What I want)

Act!
좌측의 매트릭스에 내가 생각하는 것을 간략히 적어 본다.

로버트 그린(R. P. Greene, 2005)의 『권력을 경영하는 48법칙(The 48 Laws of Powers)』에서 보면 호랑이를 잡으려면 돼지로 변장하고, 상대보다 멍청하게 보일 필요가 있다고 기술되어 있다. 자아존중감이 있는 사람은 자신을 의도적으로 내세우지 않고 겸손하게 처신한다. 그 책에서 34번째 법칙은 왕 대접을 받으려면 왕처럼 행동하라는 것이다. 나의 행동에 따라 남들의 대접이 달라진다. 특히 천박하게 행동하면 사람들로부터 경멸을 당한다. 그 책에서 보면 사람들이 왕을 떠받드는 것은 왕 스스로 자신을 존중하기 때문이라는 내용이 마음에 와 닿는다. 자아존중감이 자신을 왕으로 만드는 것이다. 자신의 힘을 믿고 당당하게 행동하면 존경스러운 리더가 될 것이다.

EQ
정서지능 EQ(Emotional intelligence)는 정서 안정을 뜻한다

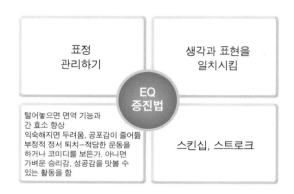

표정 관리하기	생각과 표현을 일치시킴
털어놓으면 면역 기능과 간 효소 향상 익숙해지면 두려움, 공포감이 줄어듦 부정적 정서 퇴치-적당한 운동을 하거나 코미디를 보든가, 아니면 가벼운 승리감, 성공감을 맛볼 수 있는 활동을 함	스킨십, 스트로크

(중앙 원: EQ 증진법)

'있는 그대로 정직하고 단순하게 생각하고 표현하는 것(Keep it Straight forward and Simple)'이 EQ를 향상하는 길이 된다.

- 가족은 짐이 아니라 축복이다-가족과 함께하는 시간을 갖는다.
- 투덜대지 말고 기도하라-문제에 대한 통찰력이 생긴다.
- 배운 것을 전달하라-가르칠 때 깨닫는 것이 있다.
- 소비하지 말고 투자하라-의미 있는 일을 하게 된다.
- 삶의 지혜를 후대에 물려주라-인생의 목적을 전하게 된다.

Hopkins, T. & Hilbert, R. (2006). *The Janitor: How an Unexpected Friendship Transformed a CEO and His Company*. 신윤경 역. 청소부 밥. 서울: 위즈덤하우스.

사람을 움직이는 것은 정서다.

SQ
SQ(spiritual intelligence)는 능동적인 능력이다

SQ가 높은 사람은 지도자(leader)가 될 가능성이 높다. 즉, 높은 이상과 가치를 불러일으키고, 그것들을 어떻게 활용해야 하는지 보여 주는 역할을 하는 사람, 영감을 주는 사람일 가능성이 높다.

SQ

최고 경영자들(CEO)은 영성지능에 많은 관심을 갖고 있다.

증진법 – '왜' 라고 묻고, 사물 사이의 관련을 찾고, 좀 더 반성적으로 되며, 책임을 지고, 더 솔직해지며 더 용기를 가지는 성향을 드러내고, 환경을 적극적으로 개선한다.

김복영 특강. 2001.

SQ는 어떤 능력인가?

* 고통에 직면하고 초월, 활용하는 역량
* 비전과 가치에서 영감을 얻는 능력
* 불필요한 해를 끼치는 것을 꺼려하는 성향
* 다양한 것들 사이의 연관을 보는 성향
* 능동적이고 자발적으로 적응적인 유연성을 갖는 역량
* '왜?'라든지 '~하면 어떨까?'라는 질문을 하고, '근본적인' 답을 찾으려는 뚜렷한 성향

> 소통하면 고통이 사라진다. 즉, 통(通)하면 통(痛)이 없어진다.
> 통즉불통 불통즉통(通則不痛 不通則痛)
>
> 허준(許浚) 『동의보감(東醫寶鑑)』

SQ 증진법
SQ는 '왜?'라고 묻고 사고하면 높아진다

- 침묵, 명상하기
- 한 가지 일에 몰입하기
- 장애물 극복하기
- 책을 읽고 생각하기
- 조용한 공원으로 산책하기
- 미술, 음악 감상하기
- 하루를 회상하면서 일기 쓰기

Zohar, D. & Marshall, I. (2001). *SQ-Spiritual intelligence: The Ultimate intelligence*. 조혜정 역. SQ 영성지능. 서울: 룩스. p. 407.

개구쟁이, 말썽꾸러기, 괴짜, 호기심이 강하며 모험심이 많은 사람들은 실험적 사고력이 높다.

영향력의 3요소
영향력은 조화와 균형의 권한 이전 능력이다

리더십 = 영향력

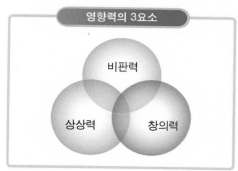

영향력(empowerment)은 남에게 권한, 능력을 주는 것이다. 그래도 내가 가진 것은 줄어들지 않는다. 시너지(synergy)는 차이점이 있는 둘 이상이 모여서 생겨나는 것이다. 기존의 방법들이 아닌 새로운 제3의 대안을 시너지라고도 한다. 비빔밥, 과일샐러드, 스터디그룹, 결혼 등이 시너지의 사례다.

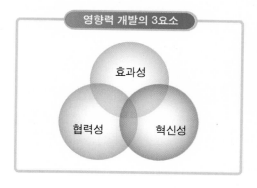

Act!

영향력과 시너지가 무엇인지 그 의미를 요약한다.

창의와 혁신을 증진하려면 '열린' '즐거운' '유연한' 환경을 만들고, 실수를 인정하며, 유쾌한 조직 분위기를 조성하고, 복장을 자유롭게 하며, 새로운 과제에 대해 도전하고, 관찰 기술을 연마한다.

Corbin, C. (2001). *Great leaders see the future first*. 이창식 역. 위대한 리더는 미래를 먼저 본다. 서울: 위즈덤하우스. pp. 273-295.

창의성의 시작 – 파괴
파괴는 창조의 첫걸음이다

창의성을 죽이는 상사의 6가지 유형	
유아독존형	시키는 대로 해.
눈뜬장님형	그거 해서 성공하겠어! 내 경험으로는 안 돼.
일중독형	다 끝내기 전에 퇴근 못 해.
완벽주의자형	작은 실수도 나는 못 봐줘.
복사기형	그런 사례가 있느냐. 성공할 수 있다는 증거를 보여라.
하루살이형	오늘 일만 신경 쓰자.

이춘근(2007. 4. 23). 이런 상사가 창의성을 죽인다. 동아일보. LG주간경제, 제933호.

고정관념과 틀에 박힌 사고에서 벗어난다. 거꾸로 생각해 본다.

 Act!

창의성의 기본 요소들은 무엇인가?

나의 이름으로 삼행시를 지어 본다. 자기소개를 삼행시로 말해 보는 것도 괜찮은 방법이다.

김-김처럼 영양가 높고
수-수려하게 잘생긴
동-동양의 으뜸가는 배려 선비다.

압축	두괄식
이론	은유, 비유, 직유

좌측의 네 가지 사항을 고려하여 1문장으로 자기소개를 기술한다.

예 "산소 같은 여자, 숙명의 배려 리더 이영애입니다."
"숙명의 청양 고추 같은 경영학도, 장미화입니다."
"행복 전도사, 송길원입니다."

조정열 특강. 2007.

은유, 비유, 직유, 역설, 풍자, 해학, 유머 등을 사용하는 것은 내가 새로워지는 출발점이다.

Act!

1. 나를 한 문장으로 압축해서 기억에 오래 남도록 소개하세요!
2. 창의성을 증진하는 전략(방법)에는 무엇이 있는가?

영향력 – 능력
학습은 입지에서 시작하여 실천으로 끝난다

입지(立志, 뜻을 세움), 자강불식(自強不息, 스스로 힘쓰고 쉬지 않는 것), 노력(努力)	독서(讀書), 박학(博學, 널리 공부함), 근사(近思, 알기 쉽고 가깝게 적절히 생각하는 것), 신사(愼思, 신중하게 생각함), 온고지신(溫故知新), 궁리(窮理)
심문(審問, 자세히 따져서 묻는 것), 명변(明辯, 명쾌하게 말하는 것), 불치하문(不恥下問, 아랫사람에게 묻는 것을 부끄러워하지 않음)	역행(力行, 힘써서 노력함), 독행(篤行, 성실하게 실천함)

『논어(論語)』, 『중용(中庸)』에서 요약.

새로운 것을 일으켜 창조적 지식, 즉 산지식으로 만드는 데 학습리더십이 있다.

LUTE 모델

신완선(2002). 컬러 리더십. 서울: 더난출판사.

영조는 늘 소학(小學)을 배우고 익혀서 품성과 매너를 다듬었다. 조선의 선비들은 새벽 4시에 일어나서 책을 읽었다.

능력 – 의욕 증진
지루함은 의욕과 호감을 떨어뜨린다

우리가 만난 후 지금까지 몇 분이 지났을까요?   호감측정법

시계를 보지 않고 종이 위에 적어 봅니다.

의욕지수(호감지수) =
실제로 경과한 시간 / 본인이 경과했다고 느끼는 시간

여기서 지수가 클수록 의욕이 높다. 지수가 1보다 작으면 그 사람에게 호감을 느끼지 못하는 것이 된다. "지금 몇 시간이 지났니?"라고 물었을 때, 실제 시간보다 짧다면 두 사람 사이에는 희망이 있다. 상대방이 시간이 길게 느껴지면 호감이 없는 것이다.

리더십이 부족한 사람들은 대체로 의욕이 없고 지루하다. 의욕이 적은 사람은 변화하지 않는다. 발상의 전환, 조언, 모델링, 격려, 안내, 칭찬, 편안하게 하면 의욕이 생긴다. 변화하지 않으면 지루한 사람이 된다.

Act!

1. 변환자, 혁신자의 특징은 무엇인가?
2. 내가 호감을 느끼고 있는 사람을 순서대로 나열해 보고 그 이유가 무엇인지 말해 본다.

의욕증진법
창의형, 강제형, 놀이형, 포기형의 4유형이 있다

사람을 창의형, 강제형, 놀이형, 포기형으로 구분할 수 있다. 창의형은 자신의 규칙을 창조하고 그것에 따라 자발적으로 일을 한다. 강제형은 강압에 못 이겨 일하면서 남몰래 인터넷 게임을 하는 유형이다. 감시자를 안심시키기 위해서 책상에 앉아 있다. 놀이형은 일은 안 하지만 주체성을 가지고 행동한다. 스스로 의욕을 이끌어 낼 수 있으므로 흥미를 일의 성과 쪽으로 유도하면 된다. 포기형은 주체성을 잃은 경우다. 잔소리가 많으면 구성원들이 포기형으로 전락한다.

단점을 지적하거나 과보호, 무리하게 시키거나 큰소리로 말하면 의욕이 떨어진다. 과보호는 의욕을 꺾는다. 단점지적법은 의욕을 떨어뜨린다. 의욕을 갖도록 하기 위해서는 지시·명령하지 않는 것이 필요하다. 의욕은 강요해서 생기는 것이 아니다. 의욕을 이끌어 내기 위해서는 잘한 것을 찾아내 격려·칭찬해 주는 일이 필요하다.

의욕은 전이된다. 주위 사람이 조용히 책에 몰두하고 있으면 자신도 의욕적으로 공부하게 된다. 타인의 행동에 감동을 받고 스스로 행동하는 것이 주체적인 의욕이다.

♀ 의욕을 높이는 방법

조언한다. 모델을 보여 준다. 칭찬한다. 격려한다. 안내한다.
도전적 과제를 준다. 목표를 제시한다. 편안하게 만든다.
이슈를 창안한다. 새로운 경험을 하게 만든다.

능력 증진 – 전뇌학습, 관리적 능력
전뇌학습은 나를 배려하는 것이다

전뇌학습

오른쪽 뇌를 활성화시키는 방법은 악기를 연주하거나 클래식 음악을 듣는 것, 자연 속에서 산책하는 것, 그리고 그림을 감상하는 것, 자연을 멀리서 응시하고 바라보는 것 등 정서 활동에 몰입하는 일 들이다. 풍부한 정서력이 상상력과 창의력을 자극하는 것이다.

명문가에서는 어려서부터 철저하게 음악, 미술 등의 정서 활동을 교육했다. 아인슈타인은 바이올린을 잘 켰다. 음악을 중시하는 영국의 케임브리지 대학교에서는 노벨상 수상자가 100명이 나왔다. 현실치료의 대표적 전문가인 글래서(W. Glasser)는 온전한 정서가 사람을 책임감 있게 만든다고 보았다.

합리적 사고력과 계획적 사고력은 좌뇌, 실험적 사고력과 감성적 사고력은 우뇌에서 담당한다. 상상력과 창의력은 주로 우뇌의 활동에 의해 생겨난다.

문자적 인지는 옳고 그름으로 판단하게 되는 언어적·분석적·수학적 사고의 좌뇌적 인지이며, 영상적 인지는 좋고 싫음으로 판단하게 되는 개방적·감성적·공간적 직관이 주로 이루어지는 우뇌적 인지다.

좌뇌는 언어에 의존하며 선택형 질문을 좋아한다. 그리고 좌뇌는 문제를 논리적으로 해결하고 감정을 자제시킨다. 반면에 우뇌는 주관적 질문을 좋아하고, 직관적으로 문제를 해결하며, 감정 표현을 쉽게 한다. 전뇌학습은 좌뇌, 우뇌를 함께 기능하게 하는 학습이다. 기호, 부호, 색깔, 그림은 우뇌를 기능하게 하며, 문자와 숫자는 좌뇌를 기능하게 한다.

관리적 능력

가장 널리 적용되는 관리적 능력은 세 가지로 분류되고 있다. 전문기술적 능력, 대인관계 능력, 전체파악적 능력이 그것이다. 카츠(Katz, 1955)와 맨(Mann, 1965)의 기술유형론은 지위에 따라 요구되는 능력이 다르다는 것이다. 부하가 높은 기술적 능력을 보유하게 되면 집단에서 상사와 리더보다도 많은 영향을 발휘하게 될 수도 있다. 높은 기술적 능력을 가진 부하는 상사가 선호하는 대상이 되며 상사가 업무를 보다 많이 위임할 수 있게 된다. 위임은 단기적으로 많은 시간을 요한다고 생각하지만 장기적으로는 오히려 리더에게 시간을 절약해 준다.

능력증진 학습

고기 잡는 법을 배우는 원리학습, 생활과 여행으로 배우는 경험학습, 이야기와 토의에 의한 대화학습, 생각하고 행동하는 법을 배우는 실천학습, 마음을 따뜻하게 하는 감성학습, 좋은 사람들과의 교제를 통한 관계학습 등으로 능력을 기른다.

 Act!

나는 정서 함양·창의성 증진을 위해 무엇을 하고 있는가?

능력 증진 – 처벌과 보상, 휴식

처벌

사랑받고 신뢰받는 사람에게는 벌이 필요없다. 벌은 대부분 미움에서 비롯된 행위다.

훌륭한 리더는 처벌을 좋아하지 않는다. 큰 양동이 2개에 물을 옮기라는 벌은 의미 없는 일이다. 경험이 적은 리더는 경험이 있는 리더보다 보통 2배 정도 벌을 더 준다. 여하튼 처벌은 행동에 내려야지 사람에게 초점을 맞추어서는 안 된다.

벌은 바람직하지 못한 행동을 감소시킬 수 있지만, 벌 자체로 바람직한 새로운 행동을 가르칠 수는 없다. 다만 벌은 바람직하지 못한 행동을 제거하는 데 가장 효과가 빠르다.

처음 벌을 사용할 때는 가장 효과적인 벌을 가능한 부드러운 형태로 주어야 한다. 벌의 기준은 확실하고 명확해야 한다.

보상

보상은 즉시 베풀어야 효과적이다. 보상은 특정 행동이 발생하면 즉시 주어져야 한다. 칭찬도 즉각적으로 하는 것이 좋다. 잘한 일에 대해 명확하게 말한다. 일단 형성된 행동이라 하더라도 그에 대해 간헐적으로 보상이 주어지지 않으면 그 행동이 소거되기 쉽다.

보상은 목표행동에 맞게 주어야 한다. 벌의 경우도 벌 받을 행동을 한 뒤에 그것과 직접 관련하여 벌을 주어야 한다.

　보상은 일관성 있게 주어야 한다. 동일한 행동이 어떤 경우에는 보상을 받고 어떤 경우에는 벌을 받는다면 그것은 혼란을 가져다주게 된다.

　그리고 보상은 충분하게 주어야 효과적이다.

　프리맥 원리(Premack principle)란 무엇인가? 빈도가 높은 행동은 빈도가 낮은 행동에 대해서 강화력을 갖는다는 것이다. 프리맥의 원리를 사용하고자 할 때는 먼저 구성원의 여러 행동의 빈도표를 만들어야 한다.

 동물학교 이야기(Dr. George H. Reavis)

　옛날에 동물들이 모여서 회의를 했다. 그들은 학교를 만들기로 계획했다. 그들은 달리기, 나무 오르기, 날기, 헤엄치기 등으로 짜여진 교육과정을 채택했다. 편리한 교육과정의 진행을 위해 모든 동물들은 예외 없이 전 과목을 공부해야 했다.

　오리는 수영 과목에서 실로 눈부신 실력을 발휘했다. 그러나 오리는 날기 과목에선 겨우 낙제점을 면했으며, 달리기 과목은 더 형편없었다. 달리기 점수가 너무 낮았기 때문에 오리는 방과 후에도 혼자 남아 보충 수업을 해야 했으며, 달리기 연습을 위해 수영 과목을 포기해야만 했다. 달리기 연습을 너무 많이 한 나머지 오리는 발의 물갈퀴가 너덜너덜해졌고, 그 결과 수영 과목에서조차 겨우 평균 점수밖에 얻을 수 없었다.

　토끼는 달리기 과목에서 선두를 차지하며 당당하게 학교 수업을 시작했다. 그러나 수영 과목의 기초를 배우느라 너무 많이 물속에 들어간 나머지 토끼는 신경쇠약증에 걸리고 말았다.

　다람쥐는 나무 오르기 과목에선 따를 자가 없었다. 그러나 날기 과목에서 교사가 땅바닥에서부터 시작하지 않고 나무 꼭대기에서부터 날기를 시키는 바람에 다람쥐는 좌절감만 커져갔다. 그리고 무리한 날기 연습 때문에 근육에 자주 쥐가 났으며, 그 결과 나무 오르기 과목에서조차 미, 달리기 과목에선 당연히 양을 받았다.

학년이 끝나갈 무렵, 수영도 곧잘 하고 달리기와 오르기와 날기까지 약간 할 줄 아는 비정상적인 뱀장어가 가장 높은 점수를 얻어, 졸업식장에서 답사를 읽는 학생으로 뽑혔다.

리더십의 관점에서 이 우화가 주는 교훈은 무엇일까요?

휴식

카메론과 동료들(Cameron, Allen, & Bryan, 1999)은 『비즈니스맨을 위한 아티스트 웨이(The Artists's Way At Work)』에서 휴식이 생각의 끈을 이어가게 만들며, 우리를 더 진실되게 한다고 본다. 휴식은 혼자서 자신의 의식들과 함께하는 일이다. 일주일에 한두 시간은 휴식 시간을 정해 둔다. 휴식은 창조성을 샘솟게 하는 과정이다. 창조성은 내면의 샘에서 생겨나며, 지적인 놀이에 가깝다. 창조성의 발현에는 정직함이 생명이다.

아인슈타인은 샤워를 하는 중에 최고의 아이디어가 떠오른다고 말한다. 키르케고르(S. Kierkegaard)는 걷는 것을 예찬했다. 신나고 즐거운 일을 한다. TV 보기, 술 마시기, 쇼핑하기는 꿈을 실현시키는 수단이 아니다. 자원봉사, 인맥을 살펴보고 그 관리 방법을 기술해 본다.

카메론은 지혜를 되살려 주는 걷기를 권장한다. 걷기는 움직이는 명상이다. 식사 후에는 20분 동안 걷는다. 매일 걷는 것은 혁신적인 아이디어를 떠오르게 하고, 그것들을 통합시킨다.

Act!

지금의 시대가 요구하는 1등 전문가(professional)와 창조적 기획가(entrepreneur)가 어떤 사람인지 설명한다.

휴식과 여가
재충전은 휴식과 여가다

여가는 심신의 건강증진을 가능하게 만들며, 삶의 질을 향상시킨다.

여가는 심신의 건강증진을 가능하게 만들며, 삶의 질을 향상시킨다.

신앙이 없는 사람도 기도한다. 기도는 문제에 대한 통찰력을 가져다주며, 그 해결방법도 알려 준다. 그 이유는 생각이 집중되기 때문이다.

취미와 여가활동으로 심신의 스트레스를 푸는 일은 다시 일하기 위한 전제조건이다.

 Act!

여가, 휴식의 내용과 방법을 서로 말해 보고 의견과 느낌을 나눈다.

생산능력으로서의 여가와 휴식
여가와 휴식은 생산능력을 높여 준다

신체 · 심리 · 정서적 측면 치유, 운동, 휴식, 안정, 건강 관리	지적 측면 독서, 토론, 글쓰기, 아이디어 개발
영성적 측면 목표와 가치 설정, 변화와 환경 개선, 몰입, 신앙, 명상	사회적 측면 봉사, 배려, 협력과 시너지, 네트워킹

4가지 삶의 차원을 지속적으로 개발하고 쇄신한다.

고다마 미쓰오(兒玉光雄)가 쓴『야구천재 이치로와 99%의 노력(イチ-に學ぶ「天才」と言われる人間の共通点)』이란 책에도 씌어 있듯이, 긴장을 풀고 휴식하는 만큼 집중력도 상승한다.

여가경영학을 전공한 김정운(2003)의『휴테크 성공학』에서 보면 아인슈타인(A. Einstein), 빌게이츠(W. H. Gates), 스티븐 스필버그(S. A. Spielberg), 에디슨(T. A. Edison)의 공통점은 일주일에 하루 정도 정기적으로 여유와 휴식을 가졌다는 데 있다.

겨울의 앙상한 나뭇가지는 새로운 봄의 줄기와 잎사귀를 연상케 한다.

4차원의 도표를 그려서 삶의 각 영역에서 금년에 꼭 실천할 1가지를 기록한다.

카리스마
상징과 비유를 즐겨 사용하면 카리스마가 생긴다

리더에게는 다소의 카리스마도 필요하다. 카리스마(charisma)란 부하들에게 성공과 성취의 상징으로 호의를 얻고, 자신이 가진 인간적 매력을 통해 이들을 리드해 나가는 능력을 말한다. 여기서 의미하는 카리스마적 리더는 부하들에게 높은 도덕성과 합리적 인간관계 그리고 성공 등을 통한 권력과 남들이 따라올 수 없는 전문능력과 지식 등의 전문적 권력에 기초하여 부하들을 이끌어 나간다는 면에서 과거의 직위나 신분에 기초한 보상적·강압적 권한의 부정적 리더와는 구별된다.

루터 킹(M. L. King)은 연설 "나에게는 꿈이 있습니다(I have a dream).", 처칠(W. Churchill)은 '피와 땀과 눈물' 그리고 그의 파이프 담배, 간디는 신발과 물레 그리고 무명옷, 소크라테스(Socrates)는 맨발, 플라톤(Platon)은 큰 어깨를, 이삭은 우물을 떠올리게 한다.

카리스마를 보유한 인물은 복잡한 생각을 간단한 메시지로 풀어내는 능력이 뛰어나며, 상징과 비유를 즐겨 사용하여 듣는 이들의 이해를 높인다.

카리스마는 다른 사람들과 육체적·정서적으로 관련 맺으면서 긍정적으로 영향을 미치는 능력이며, 당신을 좋아하게 만드는 능력이다.

다른 사람들에게 비전을 부여하고 기대감을 불러일으키는 능력은 긍정적이며 발전적인 특성일 수도 있으나 위험하거나 파괴적일 수 있다. 카리스마는 사람들의 이목을 자신에게 집중하도록 하는 능력, 내가 누구인지 알리는 능력, 사람들을 하나로 모으고 집단의 힘을 최대한으로 끌어올리는 능력이다.

신뢰, 상대방이 스스로 선택하게 하는 설득력,
나를 먼저 개방하는 자기표현력, 공감능력,
'No'를 말할 수 있는 거절의 기술 등도 카리스마다.

이종선(2004). 따뜻한 카리스마. 서울: 랜덤하우스코리아.

톨스토이의 세 가지 질문과 그 답변

세상에서 가장 중요한 때는 바로 지금, 이 순간이고, 가장 중요한 사람은 지금 함께 있는 사람이며, 가장 중요한 일은 지금 내 곁에 있는 사람을 위해 좋은 일을 하는 것이다.

카리스마 개발법

- 첫인상을 관리한다.
- 제삼자에게 칭찬하면 적도 친구로 만들 수 있다.
- 나를 먼저 사랑한다.
- 신중하고 중후한 태도로 사람들을 대한다.
- 역설, 반어, 우화, 풍자, 은유 등을 적절히 사용한다.
- 멘터링, 코칭을 해 준다.
- 나의 매력을 찾아서 더욱 발전시킨다.

Act!

1. 나의 카리스마는 무엇인가?
2. 영화, 소설, 역사, 신화, 동화에서 본 멋진 인물의 카리스마를 요약·기술한다.

4. 행위(Activity)

전념, 공감, 포섭, 확언, 헌신, 수용

    다음의 진술을 읽고 '그렇다'와 '아니다'로 답한다. '그렇다'가 8개 이상이면 리더십이 대단히 높고, 5~7개는 리더로서의 태도와 리더십의 자질이 있는 것으로 볼 수 있다. 4개 이하인 경우라도 리더십 훈련 여부에 따라 얼마든지 리더십이 향상될 수 있다.

1. 나는 모든 환경 속에서 유머를 즐긴다.
2. 내게는 사람의 마음을 사로잡는 매력이 있다.
3. 나는 편안하고 즐거운 분위기를 일으킨다.
4. 내게는 염려하고 책임을 느끼는 피배려자가 있다.
5. 나는 판단하지 않고 의견을 받아들이는 경청자다.
6. 나는 주변 사람들을 좋아하고 대체로 그들을 보살핀다.
7. 나는 단점보다 장점을 보고 상대에게 알려 주는 편이다.
8. 내게는 타인을 난처하게 하지 않는 적절한 매너가 있다.
9. 나는 사람들의 의무, 규칙보다 그들의 바람(want), 필요(need)
   에 더욱 관심이 있다.
10. 나는 동정적인 관점을 지니고 있으며, 타인의 마음을 편하게 한다.

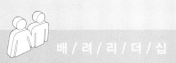

배/려/리/더/십

배려의 기능
배려는 남을 우선시한다

지식중심의 경쟁적인 남성중심
사회에서 인간관계가 손상되고 단절됨

─ 삶의 인간화 추구, 부드럽고 행복한 사회
─ 개성, 사람됨 등을 새롭게 인식
─ 남녀불평등의 극복(보수＝남: 1,000원, 여: 640원,
　정치인＝남성: 84%, 여성: 16%)

컴퓨터가 할 수 없는 것들은 무엇인가?

창의성(creativity)	직관(intuition), 상상력(imagination), 영감(inspiration)
판단(judgment), 윤리(ethics)	배려(caring), 열정(passion)

 Act!

1. 오늘날 왜 배려가 필요한가?
2. 배려의 관점에 대해 간략히 설명한다.

배려의 키워드
배려는 염려에서 비롯된다

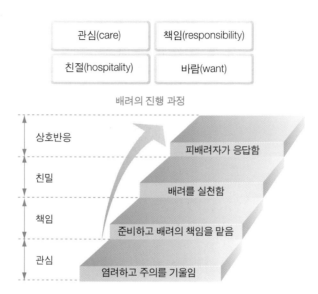

관심(care)	책임(responsibility)
친절(hospitality)	바람(want)

배려의 진행 과정

상호반응 — 피배려자가 응답함

친밀 — 배려를 실천함

책임 — 준비하고 배려의 책임을 맡음

관심 — 염려하고 주의를 기울임

　배려의 과정은 첫째, 염려하고 주의하는 것이다. 둘째, 보살핌의 책임을 인식하는 과정이다. 셋째, 행동을 통해서 보살핌을 받는 자와 접촉하면서 보살핌을 실천하는 것이다. 넷째, 보살핌을 받는 사람이 보살핌에 응답하는 과정이다.

　배려를 인식하지 않고 행동도 하지 못하는 단계 ⇨ 배려를 의식하지만 행동을 하지 않는 단계 ⇨ 배려를 생각하면서 행동을 하는 단계 ⇨ 의도하지 않아도 배려를 실천하는 단계로 발전한다.

배려의 6가지 실천 행위
배려의 6가지 행위는 관계성을 바탕으로 한다

관계성
1. 전념
2. 공감
3. 포섭
4. 확언
5. 헌신
6. 수용

⦂ 전념은 그 사람에게 미쳐 버리는 것이다

전념(engrossment)이란 간략히 말하면 '한 사람에게 미쳐 버리는 것'이다. 전념은 피배려자에 대해 열려 있고 선택하지 않고 몰입하는 것을 의미한다. 전념은 진실된 방식으로 상대에게 몰입하여 함께 느끼는 것이다.

배려자가 피배려자의 삶과 환경에 깊은 관심을 갖게 되고 전념하게 되면, 동기가 자신으로부터 피배려자로 옮겨 가게 되는 동기전환(motivational displacement)이 나타난다. 동기전환이란 배려자가 자신의 목표에 두었던 관심을 자신이 배려하는 사람의 목표로 전환하는 것을 말한다. 동기전환은 배려자가 상대방의 관심을 자신의 일로 간주하고 이것을 증진 · 실현하려는 마음과 행동이다.

> "네가 어디로 가든지 너를 지키며, 너를 떠나지 아니하리라."
>
> 구약성경 창세기 29장 15절

⦂ 공감은 함께 느끼고 이해하는 일이다

공감(empathy)이란 함께 느끼고 의사소통하며 이해하는 것이다. 공감은 먼저 상대를 꿰뚫는 것이 아니라 그를 받아들이는 것이다. 공감은 상대방의 경험을 마치 자기 자신의 것처럼 이해하는 것이다. 그 사람의 입장에 서서 그 사람이 보는 대로 세상을 보는 것이다. 공감의 기본 형식은 "당신은 ~라고 느끼시는군요!" 와 같다. 상대방이 특정한 기분과 감정을 갖게 되는 이유와 배경을 함께 알아주면 훨씬 도움이 된다.

타인의 현실과 감정을 상대가 느끼는 것과 가깝게 이해하는 공감은 남을 배려하는 데 필수적인 요소다. 가수 김흥국의 탄성 '우와', 라디오 진행자 최유라의 '맞장구' 등이 공감하는 표현의 일종이다. 맞장구란 적절하게 장단을 맞추는 보조 코멘트라고 볼 수 있다. 몸을 상대방에게 향하고 우호적인 눈빛을 보내고 상대방의 말에 고개를 끄덕이든지 "아, 그랬구나!"라고 맞장구쳐 주는 것이 필요하다.

공감이란 내담자의 현상학적 세계로 들어갈 수 있는 조력자의 능력, 내담자의 세계를 조력자 자신의 것처럼 경험할 수 있는 능력이다.

영화 〈홀랜드 오퍼스(Mr. Holland's Opus, 1995)〉는 1960~1990년대까지 케네디(J. F. Kennedy) 고등학교에 재직한 음악 교사에 대한 이야기다. 그 영화에서 홀랜드(Holland) 선생님은 공감했기 때문에 랭(G. Lang)에게 "저녁 노을을 연주해 보렴(play the sunset)!"이라는 말을 할 수 있었다. 그리고 결국 랭은 악보 없이도 연주하게 되었다.

⋮ 포섭은 내 사람으로 만드는 일이다

사람은 배려자의 눈을 통해서 자신의 세계를 본다. 부버(Buber)와 나딩스(Noddings)는 이것과 관련된 활동을 '포섭(inclusion)'이라고 부른다. 피배려자가 배려자의 눈을 통해서 자신의 세계를 보게 되는 것으로 리더에게 특히 요구되는 중요한 능력이다.

포섭에는 지적 포섭과 정서적 포섭이 있다. 리더가 만약 지적 포섭을 실천하려면 특정한 분야에 대한 충분한 지식을 가지고 있어야 한다. 만일 리더가 전문적인 내용을 제대로 알지 못한다면, 다양한 방식으로 접근하는 구성원들에게 충분한 주의를 기울일 수 없기 때문이다. 또한 "그 선생님을 통해서 비로소 인생을 알게 되었어."라는 표현은 정서적 포섭이 이루어졌음을 암시한다. 이정하의 '그런 사람이 있었습니다'라는 제목의 시는 집착과 소유를 버린 사람의 애틋한 사랑을 느끼게 하는 시다. 이정하는 '그런 사람'에게 정서적으로 포섭된 상태에 있는 것이다.

멋지고 아름다운 사람들의 모임은 그 자체가 포섭의 마당이다. 네트워킹은 훌륭한 매너와 품성을 지닌 분들을 내 친구로 만드는 포섭의 일이다. 사람은 그가 만나는 친구들에 의해 정의가 내려진다.

 Act!

내가 포섭한 사람과 나를 포섭한 사람에 대해 말해 본다.

⋮ 포섭전략에는 이성과 감성의 방법이 있다

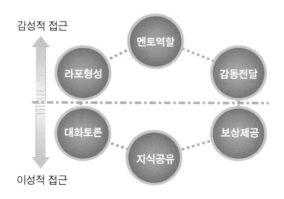

유머, 재미, 즐거움, 행복의 환경이 배려의 환경이다. 일본 동경 근교에 있는 호리바제작소의 사훈은 '기쁨과 재미(joy and fun)'다. 사우스웨스트 항공사도 고객들을 즐겁게 해 주는 이벤트를 자주 한다. 일은 즐거워야 한다. 이 회사의 허브 캘러허(H. Kelleher) 회장은 30여 년간 1명도 정리 해고한 적이 없을 뿐만 아니라 부하 직원들을 적극 지원해 주고 직원들과 허물없이 지내면서 부하들의 의견을 경청한다고 알려져 있다. 배려하는 일에는 이성적·감성적 접근이 모두 필요하다.

배려＋능력(경제력＋지식＋의사소통 능력 등)
＝성공적인 인간관계

 Act!

직원들을 배려하는 기업의 사례를 들고 함께 이야기를 나눈다.

⁝ 확언이란 말로 장점을 알려 주는 것이다

확언(conformation)이란 타인 안에 있는 최상의 것을 확인하고 촉진시켜 주는 행동이다. 즉, 피배려자의 잠재력과 훌륭한 자아를 찾아서 대화와 만남을 통해 격려하여 최선의 자아의 발달을 촉진해 주는 것을 말한다. 확언은 신뢰의 관계에 바탕을 두어야 하며, 심층적인 관계에 토대를 둔 사랑의 행동이고 배려자와 피배려자를 아름다운 관계 속에 남아 있도록 해 준다.

상대방의 과거의 성공체험, 현재의 가치관, 미래의 비전을 파악하고 그것을 명확히 알려 주는 것이 확언이다. 확언의 실례는 "말하는 속도보다 생각이 빠르구나."라는 웰치(J. Welch)의 어머니의 말에서 잘 나타나고 있다. 웰치가 어려서 말을 더듬었는데 그의 어머니는 그것을 책망하지 않고 오히려 장점으로 승화시켜 주었다.

⁝ 헌신은 희생적인 배려다

헌신(devotion)은 친교나 배려에 있어서 중요한 요소이자 실천방법이다. 헌신이란 예견할 수 없는 미래에 자신을 피배려자에게 내맡기는 일이다. 헌신이 멈추면 배려도 정지될 것이다.

이러한 배려행위들을 실천함에 있어서 의미 있는 인간관계로 발전시킬 수 있는 열쇠는 계속성과 일관성이다. 물과 음식을 섭취하는 것처럼 피배려자는 일관되고 신뢰할 만한 애정을 늘 필요로 한다.

: 수용은 비판 없이 받아들이는 일이다

수용(receptivity)은 인간 존재의 핵심이다. 상대를 수용하는 일은 열린 마음으로 그에게 주의를 집중하는 것이다. 수용이란 상대방을 직접적으로 도와주는 것이다. 수용은 편견과 고정관념을 버리고, 있는 그대로 다른 사람을 받아들이는 것이다. 이러한 수용을 해야 비로소 경청도 가능한 것이다.

리더의 수용에 의해서 구성원이 행위하는 것이 격려되고 일을 함에 있어서 동반자임을 느끼게 된다.

배려자인 W가 피배려자인 X를 보살펴 주고 W가 자신을 배려한다는 사실을 X가 인식하는 것이 '온전한 배려'다. 그리고 X가 배려를 인식하고 있다는 것을 W가 이해할 수 있을 때 배려관계가 완성된다. W가 X를 보살필 때, W가 자신을 보살핀다는 사실을 X가 인식하는 것은 X가 배려를 성실하게 수용한다는 사실을 의미한다. W와 X 중에 어느 한쪽이라도 그 역할에 실패한다면 온전한 배려관계라고 말하기 어렵다. 그리고 W와 X가 상호 역할을 바꿀 수 있고, 진실한 표현을 유지할 수 있다면 그 관계는 '상호적 배려'라고 할 수 있다.

배려는 역삼각형, 왼손, 마중물, 스펀지, 연탄, 땅,
며느리, 엘리베이터다.

5. 기술(Technology)

선택과 집중(Choice & Concentration), 협력(Collaboration), 배려 기법

다음의 진술을 읽고 '그렇다'와 '아니다'로 답한다. '그렇다'가 8개 이상이면 리더십이 대단히 높고, 5~7개는 리더로서의 태도와 리더십의 자질이 있는 것으로 볼 수 있다. 4개 이하인 경우라도 리더십 훈련 여부에 따라 얼마든지 리더십이 향상될 수 있다.

1. 필요할 때는 자원봉사를 한다.
2. 자유 시간을 타인과 함께 보낸다.
3. 하기 싫은 중요한 일을 먼저 한다.
4. 새로운 사람을 만나기를 좋아한다.
5. 책임은 내가 지고, 보상은 남에게 미룬다.
6. 나를 드러내지 않고, 남을 먼저 내세운다.
7. 사람들에게 세련되고 교양 있는 인상을 준다.
8. 공동의 목적을 달성하기 위해 서로 함께 일한다.
9. 일보다 사람을 우선시하며, 네트워킹을 중시한다.
10. 집단의 사고를 말로 표현하는 능력을 지니고 있다.

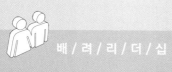
배/려/리/더/십

배려의 순서와 효과
배려에도 순서가 있다

나에 대한 배려   남에 대한 배려

배려를 하고 배려를 받는 일이 왜 필요한가? 행복하고 좋은 배려를 받은 사람들은 폭력, 속임수 등의 행위를 저지르지 않을 것이기 때문이다.

배려는 나로부터 시작해서 가까운 이웃에 대해 친숙해지는 것으로부터 먼 곳에 있는 사람에게로 확산되는 것이 순서다. 배려 실천하기는 원개념을 통해서 이해될 수 있다. 동심원의 중심에서 가까이에 위치한 사람들로부터 원 안의 사람들, 나아가서는 원 밖에 있는 사람들에게로 배려가 파급된다. 원 안의 사람들을 배려하는 마음과 능력이 바탕이 되어 낯선 사람들, 즉 원 밖의 사람들에 대한 배려로 확대되는 것이다.

배려의 효과

배려의 범위
배려는 원의 중심에서 시작한다

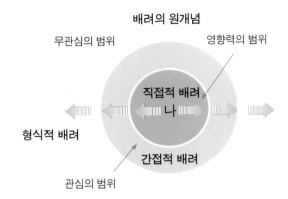

배려의 원개념

무관심의 범위　　　　　　영향력의 범위

직접적 배려

나

형식적 배려

간접적 배려

관심의 범위

A와 C는 간접적인 배려관계에 있다.

배려자
A

피배려자 &
배려자
B

피배려자
C

간접적 배려를 통해서 무한히 배려관계를 확장할 수 있다.

 Act!

내가 배려할 10명을 순서대로 나열해 본다.

배려자와 배려태도
진실성에서 배려가 나온다

- 진지한 사람
- 창조적인 사람
- 늘 만족하는 사람
- 통합적 안목을 지닌 사람
- 행복을 느끼는 사람

Act!

내가 생각하는 배려자는
어떤 사람인가?

- 품위 있는 신사(courtly gentleman)
- 아름다운 자연을 느끼는 사람
- 시기, 질투하지 않는 사람
- 매일 조용히 기도하는 사람
- 가진 것을 기쁨으로 나누는 사람
- 자리에 없는 제삼자에 대해 충실한 사람
- 과거를 잊고 현재와 미래를 생각하는 사람
- 비판받을 때 넉넉하게 받아들이는 온유한 사람
- 충분히 기능하는 사람(the fully functioning person)

배려하는 태도 - 진실성, 공감적 이해, 존경

진실성이란 개방적이고 진지하며 자신의 경험을 깊이 있게 드러내는 것이며, 공감적 이해는 자신을 남의 입장에 놓고 이해하는 것이고, 존경은 판단·비난·조소·경멸함이 없이 남을 수용하고 존중함을 뜻한다.

웃음과 관심
웃음과 관심은 배려의 표시다

웃음   여유 있는 사람은 웃을 준비가 되어 있고, 여유 없는 사람은 성낼 준비가 되어 있다. 웃는 사람은 진화가 빠르다. 악어는 표정과 웃음이 없는 동물로서, 오랫동안 전혀 진화하지 않은 동물이다. 웃음이란 남을 섬기고 나를 낮추는 배려태도다.

서양식 대중 레스토랑에서는 종업원이 무릎을 꿇고 주문을 받는다. 상대를 편안하게 만드는 것이다. 영국에서 운전면허 시험에 합격하려면, 보행자가 손을 흔들 때 무표정해서는 안 되고, 속도를 늦출 때는 손을 들어 뒤차에 알려야 한다. 이웃에게 넉넉한 마음으로 먼저 미소짓고 부드럽게 말을 건네는 일은 더불어 살아가기 위한 최소한의 노력이다.

웃음과 유머가 있는 것이 좋다. 유머 감각이 뛰어난 사람은 남녀노소를 막론하고 누구나 호감을 갖는다. 여자들도 남자의 잘생긴 외모에 가치를 두기보다는 그 남자의 유머 감각을 훨씬 더 선호하고 있다고 한다. 정말로 유머 감각은 지극히 매력적인 요소다. 자기결함에 대한 겸손한 수용이야말로 가장 높은 수준의 유머 형태다. 유머는 사람을 가능한 한 세련되게 한다.

관심   개개인의 감정과 관심 그리고 욕구를 존중함으로써 구성원들에게 동기를 유발시키는 것이 필요하다. 자신의 능력을 가능한 개발하고, 타인의 능력도 최대한 발휘하도록 돕는 사람이 리더다. 오늘날 사람들의 관심사는 레저 스포츠, 자가용, 건강, 패션, 섹스 등이다. 과거의 덕목인 근면, 성실, 금욕, 절약이 위축되고 소비와 관련된

축제, 유희, 유행, 만족 등이 중시된다. 조직 생활에서 '매스-커스토미제이션(mass-customization)', 즉 대상을 달리하여 지속적으로 몇 사람에게 집중된 관심을 보이는 일이 필요하다.

다음의 사진은 어느 장소일까? '싱가폴 국립대학(NUS)'의 도서관 로비다. 컴퓨터로 자료 검색을 하면서 창밖의 풍경을 바라볼 수 있고, 기둥에도 책이 꽂혀 있어 앉아서 책을 읽을 수 있도록 배려하고 있다. 학교가 작은 측면에서도 학생을 배려하는 것을 엿볼 수 있다.

슈바이처(A. Schweitzer)의 일화

슈바이처가 모금 운동을 하기 위해 오랜만에 고향에 들렀다. 수많은 사람들이 그를 맞이하기 위해 기차역으로 몰려들었다. 그런데 1등칸이나 2등칸에서 나오리라 생각했던 마중객들의 예상과는 달리 슈바이처 박사는 허름한 3등칸에서 나타났다. 사람들이 왜 편안한 자리를 마다하고 굳이 비좁고 지저분한 3등칸을 이용했느냐고 묻자 그는 빙그레 웃으며 이렇게 대답했다. "이 열차엔 4등칸이 없더군요."

어느 날 슈바이처가 한참 나무를 다듬고 있는데 옆에서 흑인 청년 한 명이 물끄러미 쳐다보고 있었다. "그냥 서 있지 말고 함께 일을 합시다." 슈바이처가 이렇게 말하자 청년은 "나는 공부를 한 사람이라 그런 노동은 안 합니다."라고 대답했다. 이에 슈바이처는 "나도 학생 때는 그런 말을 했소만 공부를 많이 한 후엔 아무 일이나 한다오."라고 이야기했다.

Act!

우리 주변에서 배려가 충만한 사람이나 배려가 몸에 밴 대상을 떠올리고 그것을 이야기한다.

나에 대한 배려 – 여행과 댄스, 명상
여행은 신중함, 댄스는 자신감을 심어 준다

여행 정치학의 아버지라고 불리는 로크(J. Locke)는 여행을 권장하고 있다. 많은 사람을 만나고 상호 간에 서로 다른 기질, 습관, 생활양식의 사람들과 교제하면서 지식과 분별력이 향상된다. 끊임없이 미지의 사람들과 서로 이야기하는 데서 자신감이 생겨 수줍어하지 않고 누구라도 정중하게 응대할 수 있게 된다. 또한 여행을 하면 신체적 훈련, 언어 및 회화, 시야가 넓어지고 조심스러우면서 신중하게 사물을 보는 습관이 들고, 예의가 바른 정중한 태도로써 원만하게 사람들과 교제하여 안전하게 자신을 보호하는 힘이 생긴다.

댄스 자신감을 심어 주며, 알맞은 행동을 하게 하고, 연장자들과 사귀어 정신적인 성장을 가져오게 하는 댄스가 리더십 개발에 가장 좋다. 댄스는 평생 동안 품위 있는 몸가짐, 신사·숙녀다움과 자신감을 가지게 한다. 이것은 나이와 체력이 허락하는 한 일찍 배워야 한다.

명상 명상은 그저 존재하는 것이다. 거기엔 아무 행위도 없다. 사념도 없고 감정도 없다. 명상은 '깨어 있음(awareness)'을 의미한다. 명상은 마음과 신체를 연결한다. 명상은 마음을 고요하게 만들고 정신을 집중하는 일이다. 우리가 조용히 하고 마음에 초점을 맞추면 듣는 마음으로 이동한다. 듣는 마음은 고요한, 집중된 깨달음이다.

배려의 기본적 방법
배려는 문제를 해결한다

- 낮은 곳에 처한다 .
- 배려는 지속적으로 한다.
- 배려하면 문제가 해결된다.
- 사람이 서로 관계하면 변화된다.
- 구성원의 필요(need), 바람(want), 욕구(desire)를 파악한다.
- 네트워크형, 유기적, 분권적 조직구조를 선호한다.
- 골프, 테니스, 와인, 여행 등의 동호인 모임, 식사나 다과 모임으로 삶에 활력을 준다.

> 기러기가 시끄러운 소리를 내며 하늘을 나는 이유는
> 서로를 격려하기 위함이다.

첫눈에 느끼는 상대방에 대한 이미지나 복장, 표정이나 말투 등의 첫인상은 '초두 효과(primary effect)'를 내기 때문에 중요하다. 첫인상이 좋지 않으면 내가 상대방을 배려하지 못하게 된다. 신뢰를 잃은 사람은 영향력을 미칠 수 없기 때문이다.

 Act!

나는 어떠한 모임을 만들어 운영하고 있는가? 또는 만들고 싶은 모임은 무엇인가?

선택과 집중
선택과 집중은 프로가 되게 한다

드러커(P. Drucker, 2001)의 『프로페셔널의 조건(The Essential Drucker on Individuals)』에서 보면, 프로가 되는 길은 잘 하는 것을 더 잘 하게 하는 데 있다.

변화된 사회 속에서 내가 살아남을 수 있는 방법은 잘 할 수 있는 분야에 집중하는 것이다. 즉, 잘 할 수 있는 분야를 선택해서 집중적으로 공략하는 것인데, 바로 '선택과 집중'이다.

그리고 'only 1'은 고유한 새로운 아이템을 개발하는 것이다.

전문가가 되기 위해선 내가 속한 분야에서는 최고의 내용과 자료를 갖추고 있어야 하는 것이다.

 Act!

위의 4차원 모형(매트릭스)에 나의 적절한 능력을 1가지 개념씩 적어 본다.

자아개념 증진법
장점에 집중하면 잠재력이 계발된다

개인의 잠재력을 최대한 계발하는 가장 효과적인 방법은 개인의 장점에 집중하는 것이다.

'존재의 가치를 높이는 더 좋은 방법'을 교화하거나, 또는 어떻게 살아야 하는가에 대하여 도덕적으로 설명할 필요가 없다. 리더를 '거부하는 부하'들에게 설교할 때 그들의 방어력은 더욱 강해지며, 접촉은 더욱 어렵게 된다.

자아개념을 향상시키려면 자신과 남의 장점만을 생각하여 말하고, 자기표현을 한다. 흔히 사람은 본능적으로 다른 사람의 약점을 찾아내려는 경향이 있다.

미소를 짓는 것, 경청, 스트로크(stroke), 스킨십, "나는 ~에 감사한다."는 생각, 긍정적인 마음 등은 상대방의 자아개념을 높이는 좋은 수단이 된다.

손 마사지(hand massaging)는 긴장을 완화하고 친밀감을 높인다.

또 "나는 네가 ~할 때 좋았다." "네가 나에게 ~해서 도움이 되었다."와 같은 긍정적인 격려의 말은 상대방에게 교육적인 영향력을 끼칠 수 있다.

나에 대한 배려로서의 시간관리
리더십은 중요하면서 긴급하지 않은 일을 하는 것이다

	긴급함	긴급하지 않음
중요함	• 상사의 지시 • 비상사태, 시급한 보고서 • 기간이 임박한 프로젝트 • 중요한 회의 준비 • 가족의 경조사 • 선배의 항의, 위기 = 스트레스, 피로, 위기관리	• 미래 준비, 예방, 생산, 운동, 능력 증진활동, 새로운 기회 발굴 • 인간관계 구축, 진정한 휴식, 교육 연수, 자기계발, 가족 간의 대화, 신앙, 봉사활동 • 중장기 계획수립과 실천 = 균형, 비전
중요하지 않음	• 잠깐의 급한 질문 • 눈앞의 급박한 상황 • 흥미, 인기 위주 활동 • 쓸데없는 참견, 눈도장, 잡다한 우편물, 불필요한 방문, 형식적인 회의, 의례적 모임 • 다른 사람의 사소한 문제 • 주변 사람들의 눈치, 체면치레 경조사 • 일부 회의, 메일, 보고서 = 피상적 단기성과 위주	• 하찮은 일, 긴 전화 • 지나친 TV시청, 인터넷 • 시간 낭비거리, 잡담 • 지나친 오락, Eye-Shopping, 채팅 • 지나친 컴퓨터 게임 • 2, 3차 음주 모임 • 불필요한 우편물 • 바쁘기만 한 귀찮은 일 = 무책임, 낭비

　　보통 사람은 중요하지 않으면서 긴급한 일에 시간을 쓰며, 리더는 50% 이상의 시간을 긴급하지 않으면서 중요한 일에 투자한다. 제2상한, 즉 긴급하지 않으면서 중요한 일을 할 때는 계획과 준비가 필요하다.

시간관리 기법
일을 처리하는 데는 순서가 있다

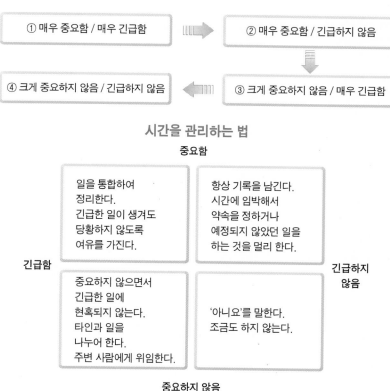

| ① 매우 중요함 / 매우 긴급함 | ⇒ | ② 매우 중요함 / 긴급하지 않음 |

| ④ 크게 중요하지 않음 / 긴급하지 않음 | ⇐ | ③ 크게 중요하지 않음 / 매우 긴급함 |

시간을 관리하는 법

중요함

긴급함

일을 통합하여
정리한다.
긴급한 일이 생겨도
당황하지 않도록
여유를 가진다.

항상 기록을 남긴다.
시간에 임박해서
약속을 정하거나
예정되지 않았던 일을
하는 것을 멀리 한다.

긴급하지
않음

중요하지 않으면서
긴급한 일에
현혹되지 않는다.
타인과 일을
나누어 한다.
주변 사람에게 위임한다.

'아니요'를 말한다.
조금도 하지 않는다.

중요하지 않음

적은 시간을 투입하여 최대의 성과를 내는 것이 리더십이다.

Act!

시간관리 4차원 매트릭스를 그리고 가장 대표적으로 내가 고려할 일(사항)을 1가
지씩 기술한다.

구체적인 시간관리 방법

- 지금 시작한다.
- 남보다 일찍 시작한다.
- 책상 위를 말끔히 치운다.
- 30분을 1단위(unit)로 만든다.
- 우선순위를 지킨다.
- 항상 기록을 남긴다.
- '아니요'라고 말한다.
- 긴급에 현혹되지 않는다.
- 시계를 조금 빨리 맞춰 놓는다.
- 자투리 시간을 잘 활용한다.
- 비슷한 일을 함께 처리한다.
- 소중한 일을 먼저 한다.
- 하기 싫은 일을 먼저 한다.
- 스스로 마감 시간을 정한다.
- 긴급한 일에 현혹되지 않는다.
- 항상 2~3가지 대안을 준비한다.
- 가구를 재배치한다.

✎ '얼마나 많은 세월을 사는가' 보다 정해진 시간을 '어떻게 사는가'가 중요하다.
✎ 아침, 새벽의 사람인 성경의 인물 여호수아는 승리와 성공의 삶을 살았다. 아침에 일찍 일어나면, 준비하는 여유 있는 하루를 보내게 된다.

- 일을 통합하여 정리한다.
- 사무실 밖에서 만난다.
- 핵심적인 일에 치중한다.
- 완벽 주의에서 벗어나야 한다.
- 정리 정돈하는 습관을 기른다.
- 식사 후에 산책을 하여 효율성을 높인다.
- 일을 위임한다.
- 대안을 제시한다.
- 면담 시간을 줄인다.
- 바쁠 때는 일어서서 만난다.
- 핵심과 결론부터 말한다.
- 전화할 때 끝나는 화법을 준비한다.
- 일의 결과를 고려한다.
- 일을 작은 단위로 나눈다.
- 마감 일자를 여유 있게 잡는다.
- 아침에 1시간 빨리 시작한다.
- 바쁘더라도 서둘지 않는다.
- 모임 뒤에 뒤풀이를 자제한다.
- 가급적 수정을 하지 않는다.
- 어떤 이야기이든 5분 안에 끝낸다.
- 솔직하고 단호하게 말한다.
- 필요한 사항만 이야기한다.
- 기운을 북돋는 말을 자주 한다.
- 자신을 긍정적으로 격려한다.

Act!

나만의 고유한 시간관리 방법은 무엇인가?

- 자기 일처럼 업무를 처리한다.
- 나의 일정에 따라 일을 처리한다.
- 거절하는 이유를 분명히 말한다.
- 계획에 따라 서류를 처리한다.
- 한번에 한 가지만을 처리한다.
- 처리할 서류만을 책상에 올려놓는다.
- 불필요한 서류는 즉시 제거한다.
- 볼일이 있는 사람은 자신이 먼저 방문한다.
- 방문객을 만나는 시간을 갖는다.
- 만나기 전 혼자만의 시간을 갖는다.
- 시간 사용 내역을 구체적으로 파악한다.
- 사소한 일보다 중요한 일을 먼저 한다.
- 자투리 시간을 생산적으로 활용한다.
- 불필요한 요구는 단호하게 거절한다.
- 포기할 것은 빨리 포기하고 버린다.
- 남이 나보다 더 잘 할 수 있는 일은 타인에게 맡긴다.
- 해야 할 일들을 기한 내에 마무리 짓는다.
- 맺고 끊음을 명확히 하고, 삶을 단순화한다.
- 정해진 시간에 자기만의 안식처에서 잠시 생각을 정리한다.
- 중요한 일이 있는 경우에는 누가 일을 부탁해도 거절한다.
- 스케줄을 너무 빡빡하거나 느슨하게 짜지 않는다.
- 밤기운과 새벽 기운을 느껴서 자연의 힘을 기른다.
- 놀이, 여가, 휴식을 통해 삶의 활력을 재충전한다.

 Act!

일상생활에서 시간을 낭비하게 되는 가장 큰 이유는 무엇인가?

배려 = 사람 > 일
이성사회에서 감성사회로 발전한다

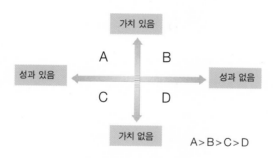

사람중심 > 사업중심
400명 인재 배출함
인간관리가 전략보다 중요하다.

자유롭게 활동할 기회 부여
자신감을 키워 줌
월요일 회의 30분 여담, 사업은
잘난 척하지 않는 놀이로서
생명력(Vitality)이 필요하다.

변화는 기회를 가져다준다.
회사에 변화를 가져오는 방법은
교육과 연수에 있다.

기업의 사회적 책임은 1등
회사(leadeing company)를
만드는 데 있다.

웰치의 리더십과 우선순위 판단법

웰치는 넥타이를 한 개 사면서도 친구들에게 물어보고 선택·결정하는 열정이 있었다.

50여 년간 아프리카에서 의료 봉사에 헌신한 인류의 위대한 스승 슈바이처는 "이상은 강하게, 열정은 싱싱하게!"라고 강조했다.

생각이 엔진이고 정서는 연료다.

배려와 과업의 균형
배려와 과업이 함께 높은 것이 리더십이다

리더는 생각하는 사람(thinker, speculator), 행동하는 사람(doer), 선도자(pioneer)다.

업무형 리더십: 동기유발이나 보상 없이 일을 추진한다.

성공형 리더십: 배려와 업무를 함께 중요시한다.

관계형 리더십: 좋은 관계를 중요시하여 불평이 없게 되나 무능하 다는 소리를 들을 수 있다.

포기형 리더십: 배려도 없고, 노력해서 일을 하지 않는다.

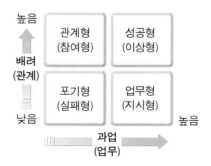

Hybels, S. & Weaver, R. L. II. (2004). *Communication Effectively*. N.Y.: McGraw-Hill.

성공의 두 축 – 배려와 과업

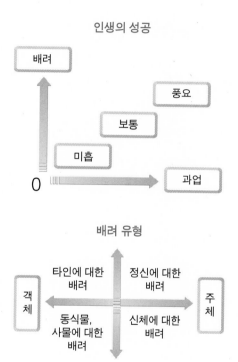

인생의 성공

배려

풍요

보통

미흡

0 → 과업

배려 유형

타인에 대한 배려 | 정신에 대한 배려

객체

동식물, 사물에 대한 배려 | 신체에 대한 배려

주체

나딩스(N. Noddings)에 의하면, 물건을 적절히 사용하며 제자리에 보관·배치하는 일은 영혼의 평온을 가져오는 '촉진적인 질서'를 의미한다.

 Act!

현재 한국의 인재들에게 가장 필요한 특성 또는 덕목 2가지를 제시하세요!

배려의 순서
배려 1순위는 나와 가장 가까운 사람이다

배려는 세상을 사랑하는 일이다.

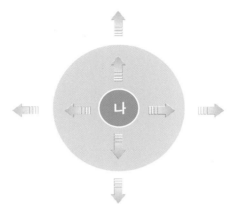

원의 중심에서 원의 바깥쪽으로

배려는 가까운 이웃에 대해 친숙해지는 것으로부터 시작해서 먼 곳에 있는 사람에게로 확산되는 것이 의미가 있다. 배려 실천하기는 원개념을 통해서 이해될 수 있다. 동심원의 중심에서 가까이에 위치한 사람들로부터 원 안의 사람들 나아가서는 원 밖에 있는 사람들에게로 배려를 확산시키는 것이 올바른 배려의 순서다.

원 안의 사람들을 배려하는 마음과 능력이 바탕이 되어 낯선 사람들, 즉 원 밖의 사람들에 대한 배려로 확산될 수 있다.

배려의 5단계
정보(I konw) → 관심(I concern) → 이해(I understand)
→ 사랑(I love) → 신뢰(I trust)

배려 방법 1
배려는 구체화하는 일이다

구체적 상황에 대한 고려

섭공이 공자에게 말했다. "우리 마을에 처신을 곧게 하는 자가 있습니다. 그의 아버지가 양을 훔쳤는데 그가 그것을 고발했습니다." 공자가 이에 응하여 말했다. "우리 마을의 곧은 자는 이와 다릅니다. 아버지는 아들의 잘못을 덮어 주고 아들은 아버지의 잘못을 덮어 줍니다. 곧음은 이곳에 있습니다."

『논어(論語)』 자로편(子路偏)

배려는 구체적인 일이며, 예외를 인정하는 것이다.

나의 역할 모델 한 사람

누가 내게 가장 영향을 주었으며, 내가 닮고 싶은 사람은 누구인가?
Who is the most influential person in my life?

그 이유는?
무엇을 느꼈고 배웠는가?

 Act!

1. 국내외 취업동향을 고려해 볼 때, 미래의 유망직업은 무엇인가?
2. 변화를 일으키는 미래의 배려 리더는 어떤 사람인지 말해 본다.

배려 방법 2
배려는 환경을 조성하는 일이다

　배려 리더는 분석적인 비평가라기보다는 일과 여가를 즐기는 창조자다. 배려자는 온화한 리더다. 배려 리더는 동기유발, 가르침, 환경조성을 하는 사람이다. 배려 리더는 구성원을 보호하고 감독하며, 잘못된 방향을 바로잡고, 구성원을 격려한다. 그리고 비전과 목표를 공유하며, 폴로어(follower)의 상태를 파악하고, 안전하고 행복한 환경을 만든다.

배려 리더의 역할

	상호의존성 (interdependence)	
배려자	↔	피배려자

코이(koi, 관상어)는
어항에서 자라면
손가락 길이의 작은 물고기,
수족관에서 자라면
좀 더 큰 물고기,
강물에 방류하면
90cm까지 성장한다.

리더는
환경을 만들어 주고
꿈을 심어 주면 된다.

Act!

　리더로서 실패하는 경우는 어떤 것인지 생각해서, 실패하는 리더의 특성을 1가지 기술한다.

진실한 친구와 단순한 친구
진실한 친구는 단순한 친구와 다르다

좋은 사람	좋은 친구
• 남과 협력하는 사람 • 관계를 가지는 사람 • 책임을 지는 사람	• 멘토가 되는 친구 • 힘이 되는 친구 • 만나고 싶은 친구

진실한 친구 = real friend
단순한 친구 = simple friend

행사나 모임이 있을 경우에 진실한 친구는 일찍 와서 늦게까지 남아 있는 친구이며, 단순한 친구는 정확한 시간에 와서 끝나는 때에 돌아가는 친구다.

케네디(J. F. Kennedy)와 빌 게이츠(W. H. Gates)는 하버드 대학교 시절 만난 친구들의 도움으로 성공할 수 있었다.

나쁜 친구들과 어울리면 나쁜 사람으로 취급되고, 좋은 친구들과 어울리면 좋은 사람으로 평가된다. 그가 누구와 만나고 어울리는 가에 따라 그 사람의 평가가 좌우된다.

인간관계는 상호성의 법칙이 작용한다. 주는 것이 있어야 받는 것이 생긴다. '주는 것 7: 받는 것 3'의 법칙이 좋다. 인간관계는 남에게 기대하면 끊어지고, 반대로 기여하면 이어진다.

사람들은 권위자들에게 복종하려는 심리적 경향이 강하다. 권위의 카리스마는 인간관계에서 어느 정도 필요하다.

배려의 조직
배려 조직은 비공식적 조직이다

모임(circles)	연쇄(chains)	순환(cycle)
과학을 사랑하는 모임 같은 실제적 관계에 의한 자발적인 조직	형식적 관계에 의한 공식적인 시스템 정보 공유·교류를 위한 네트워크	교육직과 장학직·연구직·행정직으로 교류하는 일 개인 간 또는 집단 간 갈등을 완화·이해하는 측면

수평적 · 개방적 · 신축적인 조직의 재구조화를 지향

참모조직은 계선조직이 원활하게 목적을 달성하도록 연구·조사에 근거한 자문, 조언, 권고를 통해서 계선 기능을 지원·보조하는 부차적·측면적·비판적인 조직이다.

 Act!

내가 생각하는 배려하는 조직의 모습은 어떠한가?

갈등 해결
갈등이 있을 때는 대안을 제시한다

- 승리형: 내가 옳고 네가 틀렸다.
- 패배형: 네가 옳고 내가 틀렸다.
- 포기형: 나는 너와 상대하고 싶지 않다.
- 타협형: 너와 내가 절반씩 양보한다.
- 대안형: 우리는 가치 있는 견해를 가지고 있다.

갈등 해결 방법

- 평화유지(peacekeeping): 투쟁을 피하는 기술
- 화해(reconciliation): 갈등을 해소하는 기술
- 저항(resistance): 강제를 싫어하고 그것에 평화적으로 대처하는 일
- 포기(renunciation): 평화를 이루는 기술

그 외 상호 양보를 통한 갈등 해결(conflict resolution through mutual concessions: CRTMC), 문제해결(problem solving), 토론과 설득(persuasion) 등이 있다.

Ruddick, S. (1995). *Maternal thinking: Toward a Politics of Peace*. Boston: Beacon Press.

 Act!

내가 경험한 갈등을 해결하는 최선의 방법은 무엇인가?

배려의 인간관계
배려의 관계구조도가 필요하다

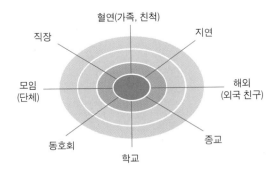

혈연(가족, 친척)

직장

지연

모임
(단체)

해외
(외국 친구)

동호회

종교

학교

1. 다른 전공이나 업종의 모임을 만들어 시너지 효과를 낸다.
2. Give & Take의 관계를 만든다.
3. 나보다 나은, 멋진 사람을 멘토로 삼는다.

좋은 인간관계를 만드는 법:
형용사를 넣어서 이름을 불러 준다.

배려는 인생처럼 오래될수록 깊은 맛이 우러난다.

훌륭한 사람과 함께 다니면 마치 안개 속을 걷는 것과 같아서
비록 옷을 적시지는 않지만 시간이 갈수록 윤택함이 있다.
與好人同行 如霧露中行 雖不濕衣 時時有潤
(여호인동행 여무로중행 수불습의 시시유윤)

『명심보감』교우편(交友編)

 Act!

나만의 특유한 인간관계 기법은 무엇인가?

EVLN 모형
EVLN은 인간관계 반응유형이다

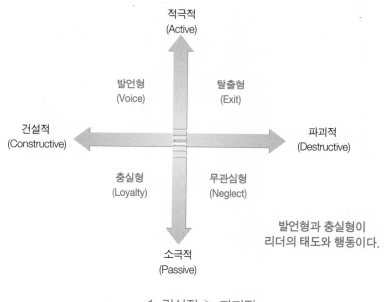

- 적극적 (Active)
- 발언형 (Voice)
- 탈출형 (Exit)
- 건설적 (Constructive)
- 파괴적 (Destructive)
- 충실형 (Loyalty)
- 무관심형 (Neglect)
- 소극적 (Passive)

발언형과 충실형이
리더의 태도와 행동이다.

1. 건설적 > 파괴적
2. 적극적 > 소극적

지속적인 인간관계 실천하기

원만한 인간관계를 이루어 가는 것은 무엇보다 긍정적인 자아개념의 발달을 위해 필요하다. 이것은 교제하는 중에 인간관계가 끝나려고 할 때 사람들이 반응하는 것에 대해 다루고 있다. 그림에 나와 있는 2차원 모형은 연인, 친구, 가족이나 부부, 직장에서의 동료와의 관계에서도 적용될 수 있다. 이는 캔필드(J. Canfield, 1994)의『자아개념을 증진하는 100가지 방법(100 Ways to Enhance Self-Concept in the Classroom)』
에 나오는 모형이다. 리더는 절박한 상황에서도 은연중에 발언형 내
지는 충실형을 택하여 가급적 관계를 살려 나가고자 노력한다.

- **탈출형**(적극적/파괴적): 관계를 끝내 버리거나 끝나도록 유도한다. 즉, 가
  능하면 관계를 희생시키고 나의 자존심을 손상시키지 않으려는 유형이다.
- **발언형**(적극적/건설적): 상태를 완화시키기 위해 노력한다. 즉, 자존심과
  인간관계를 모두 유지시키려고 하는 유형이다.
- **충실형**(소극적/건설적): 상태가 좋아지기를 바라며 기다린다. 즉, 자존심
  을 희생시키는 한이 있더라도 관계를 지속시키려는 유형이다.
- **무관심형**(소극적/파괴적): 저지의 뜻이 있는 것이 아니고, 실제적으로 관
  계를 위축시키지도 않는다. 즉, 자존심을 지키거나 관계를 유지시키려는
  행동을 적극적으로 하지 않는 유형이다.

대화자의 중요한 태도는 무엇인가? 대화를 통해서 창조와 개선을
성취하려면, 건설적이고, 최소한 파괴적이지 않아야 한다. 대화자
모두의 자긍심을 보존하면서 동시에 권리를 침해하지 않아야 한다.
일상적 대화를 함에 있어서 화자가 청자에 대해서 적극적인가 소극
적인가는 2차적인 문제다.

논쟁에서 이기는 것은 친구를 잃는 것과 같다. 공격적 · 파괴적인
논쟁을 하려면 차라리 말을 하지 않는 편이 낫다.

인간관계 3가지 유형
한 가지 이유 때문에 존재하는 인간관계 – 단기적 관계,
일정 기간 지속되는 인간관계 – 현재적 관계,
평생 계속되는 인간관계 – 특별한 관계

Maxwell, J. (2004). *Winning with people*. 웨슬리 퀘스트 역(2006). 신뢰의 법칙.
서울: 21세기북스. pp. 218-220.

폴로어 유형
폴로어는 4가지 유형이 있다

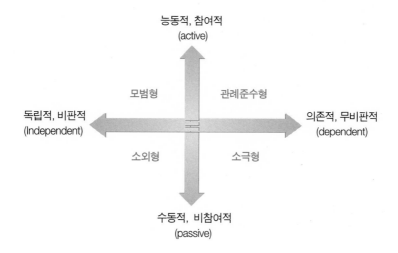

능동적, 참여적
(active)

모범형   관례준수형

독립적, 비판적   의존적, 무비판적
(Independent)   (dependent)

소외형   소극형

수동적, 비참여적
(passive)

 Act!

• 소외형의 추종자를 모범형의 추종자로 변화시키려면 어떻게 해야 하는가?
• 내가 본 모범형의 폴로어는 누구이며, 어떤 사람인지 이야기한다.

인간관계 기법

• 멘토 만나기   • 질문하기와 경청하기
• 문자와 전화하기   • 사과 먼저, 변명은 나중에 하기

 Act!

나의 고유한 인간관계 기술은 무엇인가?

⁞ 참여적이면서 독립적 추종자가 좋다

리더십의 발휘는 리더, 추종자, 상황의 3요소로 이루어지는 함수 관계이며 음악으로 말하면 3중주의 합주곡이라고 부를 수 있다.

켈리(R. Kelly)에 따르면, 추종자는 독립적(비판적)이냐 의존적(무비판적)이냐의 차원이 있고, 능동적이냐 수동적이냐의 차원이 있다. 이러한 두 차원을 수직선, 수평선에 그려 본다. 독립적(비판적)인 동시에 능동적인 스타일을 보이는 추종자는 모범적인 추종자이며, 의존적(무비판적)이면서 동시에 능동적이면 관례준수자, 의존적(무비판적)이면서 수동적이면 소극적인 추종자이며, 독립적(비판적)이면서 수동적이면 소외된 추종자다. 소외형의 추종자는 비인간적인 모욕과 멸시를 받으면 권력을 가진 자에게 간접공격을 하는 수동적 공격성을 드러내게 된다. 따라서 이들에게 특히 관심을 기울이고 구체적인 인정을 해 주는 일이 필요하다. 이러한 특성을 골고루 가진 추종자는 실용주의자다.

리더십을 발휘하게 하는 데에는 추종자의 역할과 몫도 무시할 수 없다. 리더가 가장 어렵게 여기는 그룹이 소외된 추종자인데, 그들은 업무에 소극적으로 임하면서도 비판을 일삼는 스타일로서 대개 집단의 약 15~25%로 구성되어 있다. 비판적(독립적)이면서도 적극적으로 업무를 하는 스타일의 추종자가 조직에서 가장 바람직한 형이다. 흔히 리더의 유형은 민주형, 독재형, 방임형, 전제형 등으로 구분되기도 한다. 대체로 민주형이 높은 점수를 받는 경향이 있지만 상황이 위급하거나 비상사태 등에서는 독재형이 더 효과적일 수도 있다.

리더 = 지지자가 많은 사람

성공인 = 세계를 변화시킨 사람, 주변 환경을 개선한 사람,
남들의 존경을 받는 사람, 남들에게 행복을 전해 준 사람

⦂ 리더십에 영향을 미치는 제1요소는 인간관계다

리더십의 상황이론을 개척한 피들러(F. E. Fiedler)의 '리더십 모델 (Leadership match program)'에 의하면 리더십에 영향을 주는 상황적 요소 중 4/7는 인간관계, 2/7는 과업, 1/7은 직위의 힘이다. 리더십에 영향을 미치는 요소는 인간관계가 대부분을 차지하고 있으며, 인간관계에 비해 직위의 힘은 별 영향력이 없음을 알 수 있다.

!Ω 배려 리더의 특징

강자에 강하고 약자에 강하다.
살리는 사람 ↔ 죽이는 사람

실존적 배려 방법
만남은 실존적 배려의 방법이다

한계효용 체감의 법칙 - 칭찬과 충고				
위기	모험	만남	각성	충고
나태함으로 부터 벗어나게 함	사람으로 하여금 도전하게 만듦	삶 자체를 결정짓게 해 주는 운명적인 사건	내면적으로 눈을 뜨게 함으로써 새롭고 높은 삶으로 인도함	명령과 호소 사이에 있는 영역으로 타락의 상태에서 벗어나게 함

Bollnow, O. F. 『실존철학(*Existenzphilosophie*)』(1943),
『실존철학과 교육학(*Existenzphilosophie und Pädagogik*)』(1957).

리처드 칼슨(R. Carlson)의『사소한 것에 목숨 걸지 마라(Don't Sweat the Samll Stuff about Money)』에서는 3R, 즉 잘 반응하고(Responsive = 문제에 적절히 대처하는 것), 잘 받아들이고(Receptive = 생각, 의견에 대해 열린 마음을 갖는 것), 잘 분별하는 것(Reasonable = 모든 것을 바르게 인식하는 것)을 강조하고 있다. 반응, 수용, 분별은 일반적인 배려 기법이다.

『꿈이 있으면 미래가 있다』(2006)에서 강영우 박사는 인물이 되려면 인물을 만나라고 조언한다. 큰 인물이 되려면 그에 걸맞는 나보다 훌륭한 인물을 만나야 하는 것이다. 하나의 인물이 되는 데 가장 큰 영향을 미치는 스승, 친구, 배우자 등과의 만남이 무엇보다 중요하다.

 Act!

나의 삶을 가장 변화시킨 인물은 누구이며, 그 이유는 무엇인가?

자연적 배려 방법
여유는 자연적 배려를 낳는다

여유	기다림	천천히	단련	모델링
성급함은 절대 금물	태양은 이른 봄에 초목이 어리고 약할 때, 뜨거운 열 대신에 서서히 단계적으로 온기를 보내며 원기를 돋구어 줌	무리하게 나아가지 않음, 비약하지 않으며 단계적으로 진행함	물과 불로 강하게 함, 만물을 풀강아지(추구)처럼 다룸	말보다 행동으로 모범을 보임

　밥을 지으려면 먼저 쌀을 씻고, 높은 불에서 서서히 낮은 불로 쌀을 끓인 다음 뜸을 들여야 한다. 그런데 뜸을 들이는 과정에서 밥이 빨리 되기를 바라는 마음이 너무 조급해서 자꾸 뚜껑을 열어 보면 결국 밥은 설익게 된다. 이와 같이 성급하게 하면 자연적으로 잘 되는 것조차도 망치게 된다. 첫 번째 데이트에서부터 영화나 음식으로 상대를 놀라게 하는 것은 프로가 아니다. 막연하나마 상대가 무엇을 좋아하고 싫어하는지를 알기 전까지는 무리수를 두지 않는 것이 낫다.

 Act!

내가 이해한 다른 자연적 배려 방법은 무엇인가?

: 자연적 배려는 천천히 진행된다

시간적인 여유를 충분히 가지고 접근하는, 느긋하고 여유 있는 마음이 필요하다.

자연은 적절한 순서를 기다린다. 태양은 이른 봄에, 즉 초목이 어리고 약할 때는 뜨거운 열 대신에 서서히 단계적으로 온기를 보내며 원기를 돋구어 준다. 그러나 그들이 자라나서 열매와 씨를 맺을 준비가 된 후에는 강한 열을 보내 준다. 새도 그의 알을 조급하게 불 속에 넣지 않으며, 자연적인 온기를 받아 서서히 발달하게 한다.

자연은 천천히 나아간다. 자연은 무리하게 나아가지 않는다. 자연은 비약하지 않으며 단계적으로 진행한다.

영어사전에는 '김치'와 '빨리빨리'라는 단어가 올라 있다. 한국인은 신호등이 바뀌기 전에 한 발을 차도에 얹어 놓는다. 한국인은 점심식사하는 데 5~10분이 소요된다. 씹는 시간과 인간의 수명(壽命)은 비례한다. 빨리 먹는 사람은 일찍 죽는다. 빨리 먹으면 민감성이 떨어지고 치매가 된다. 이제 배려 사회에서는 여유가 필요하다.

 Act!

자연에서 내가 배우고 느낀 점을 떠올리고 말해 본다.

4차원 배려 방법
지성, 감성, 언어, 행동의 배려 방법이 있다

지성

의견을 물어보기, 현재의 상태, 성취에 대해 알려 주는 것, 긍정적이고 효과적인 피드백을 하거나 코멘트를 주는 일, 메모하기, 일기를 쓰는 일

주의집중, 함께 토론하기, 자료 공유하기, 질문하기, 정기적으로 의사결정할 기회를 부여하기

언어 ← → 행동

화를 내지 않는 것, 기꺼이 경청하는 것, 선행에 대한 보상하기, 부정적 비판을 삼가는 것, 비지시어를 사용하는 것, 적절한 형용사 또는 부사를 쓰는 것, 말하면서 시선을 맞추고 이름을 불러 주기, 인사하기, 열린 질문하기, 메일 보내기

플러스 사고, 적절한 운동, 성 역할을 바꾸어 봉사활동하기, 친구가 되어 주기, 시, 미술, 음악, 경건한 의식, 기도, 명상, 산책, 진실한 대화, 웃음, 동식물 기르기, 물건을 사용하고 나서 제자리에 보관하고 배치하기, 물건 소중히 다루기, 춤(dance), 차 문 열어 주기, 외투 받아 주기, 꽃 사 주기, 함께 식사하기

감성

Act!

나의 고유한 배려 방법은 무엇인가?

인간관계 3기법
생이불유, 위이불시, 장이부재는 배려 방법이다

| 생이불유
(生而不有) | 위이불시
(爲而不恃) | 장이부재
(長而不宰) |

배 려

　요컨대 생이불유, 위이불시, 장이부재는 자연의 인간관계 원리이자 방법이다(도덕경 10장, 51장). 생이불유는 '살면서도 없는 듯하다.' '낳지만 소유하지 않는다.'로 해석된다. 생이불유는 성장을 촉진해 주면서도 소유하려 들지 않는 것이다. 무엇을 소유하려 하지 않고 베풀려고 하는 마음이 타인을 섬기는 마음이다. 위이불시는 '꾸며대는 것에 의존하지 않는다.' '행위해 주지만 간섭하지 않는다.'로 풀이되고, 장이부재는 '성장을 촉진하지만 지배하지 않는다.'는 것이다. 생선을 구울 때 생선을 자꾸 만지면 잘게 부서지듯이(도덕경 60장, 치대국 약팽소선, 治大國 若烹小鮮), 구성원들에게 지나치게 간섭하면 그들의 반발을 사게 된다. 지배하려고 하면 사람들의 창의성이 자라지 않게 된다.

 Act!

내가 경험한 가장 효과적인 인간관계 기법은 무엇인가?

가정의 배려 방법
이성사회에서 감성사회로 발전한다

가족을 배려하는 방법

- 약속은 꼭 지킨다.
- 말하기보다는 듣는다.
- 자주 일상적인 대화를 나눈다.
- 거절하지 않고 연기시킨다.
- 자리에 없는 가족 구성원에게 충실한다.
- 가훈을 만들고 문화적인 기풍을 기른다.
- 검소, 겸손, 신중, 중후하며 온화한 모습을 보인다.

자녀에 대한 배려 방법

- 무승부법을 실천한다.
- 평소 늘 책을 읽는다.
- 남의 장점을 보게 한다.
- 비가 와도 마중 나가지 않는다.
- 말씨는 엄격하게 다스린다.
- 혼자서 집을 보게 한다.

- 높은 곳에 올려 보낸다.
- 신중하게 말하게 한다.
- 고적지, 미술관, 음악회 등에 간다.
- 자녀와 같이 운동과 일을 한다.
- TV 채널을 바로 선택하게 한다.

 Act!

가정에서 가족을 위해 내가 실천하는 주된 배려 기법은 무엇인가?

배려의 효과
배려의 효과는 위기에 나타난다

| 결정적 위기의 순간에 나타난다. | 배려 caring | 비전 및 목표 달성을 촉진한다. |

배려를 못하는 사람 = 잘난 척하는 사람, 불평하는 사람, 남의 말에 끼어드는 사람, 험담을 하는 사람, 판단 · 비난 · 조소 · 경멸하는 사람

| 말과 행동으로 실천 | | 만남에 변화를 줌 |
| 고마워하는 마음을 표현 | 배려 실천 | 대화 시 항상 메모를 해서 기록함 |

배려하기

| 누구에게 | | 무엇에 대해 |
| 언어적 방법 | 배려 caring | 행동적 방법 |

Act!

위의 매트릭스에 지금 내가 가장 배려하고 싶은 인물에 대해 무엇을 어떻게 배려할지를 구체적으로 기술한다.

6. 의사소통(Communication)

대화, 질문, 이야기, 경청

   다음의 진술을 읽고 '그렇다'와 '아니다'로 답한다. '그렇다'가 8개 이상이면 리더십이 대단히 높고, 5∼7개는 리더로서의 태도와 리더십의 자질이 있는 것으로 볼 수 있다. 4개 이하인 경우라도 리더십 훈련 여부에 따라 얼마든지 리더십이 향상될 수 있다.

 1. 발산적, 열린 질문을 자주 한다.
 2. 간결하고 정확하게 발음한다.
 3. 대화, 토론, 이야기를 즐긴다.
 4. 억양에 변화를 주어 명료하게 말한다.
 5. 말로 상처 주지 않고 격려, 위로한다.
 6. 지시, 명령, 강요하지 않고 권유한다.
 7. 과장하여 표현하거나 덧붙여서 말하지 않는다.
 8. 늘 말을 적게 하고 침묵으로 행동하는 편이다.
 9. 우정, 사랑, 진리, 삶 등에 대한 논의를 즐긴다.
 10. 적절한 행위를 하도록 타인을 설득시킬 수 있다.

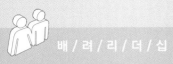
배/려/리/더/십

배려 리더의 역할
리더는 메모한다

배려 리더의 네 가지 역할

경청하는 사람 침묵(silence)	질문하는 사람 말치료(talking cure)
쓰는 사람 메모(memo)	읽는 사람 독서(reading)

리더는 전화기를 들고 연락한다. 보통 사람은 전화가 울리기를 기다린다. 리더는 살아가는 데 시간을 보내며, 보통 사람은 사람들과 지내는 데 시간을 보낸다. 리더는 사람들에게 자신의 시간을 투자하며, 보통 사람은 계획을 세우는 데 시간을 보낸다.

메모는 기억보다 강하다. 사카토 켄지(坂戶健司)의 『메모의 기술(メモの 技術—頭より先に手が動く)』이란 책은 메모에 대한 우리들의 생각의 지평을 넓혀 준다. 창의적으로 두뇌를 사용하기 위해서 메모를 한다. 메모를 하는 가장 중요한 이유는 잊기 위해서다. 언제나 어디서든 메모한다. 그 자리에서 바로 기록하는 것이 메모의 제1법칙이다. 핵심만을 요약·정리한다. 목욕할 때, 산책할 때, 잠들기 전, 운전할 때, 대화할 때 등 언제 어디서든 메모한다. 늘 지니고 다니는 것에 메모한다. 기호와 암호를 활용한다. -오늘 할 일, ☆ 중요한 일, @ 메일 내용. 조용한 곳에서 생각을 정리한다. 그것을 실천했으면 그 메모 위에 두 줄로 긋는다.

4A 대화 유형
주장형과 적응형의 대화에 리더십이 있다

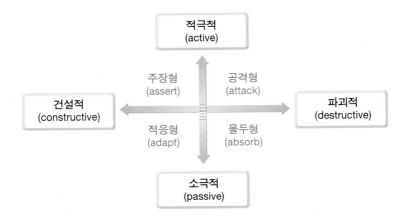

```
            적극적
           (active)

   주장형              공격형
  (assert)            (attack)

건설적                              파괴적
(constructive)                  (destructive)

   적응형              몰두형
   (adapt)            (absorb)

            소극적
           (passive)
```

- **공격**(attack): 적극적/파괴적(active/destructive)—반응자가 아니라 모욕자의 권리를 존중한다.
- **주장**(assert): 적극적/건설적(active/constructive)—반응자의 자긍심을 보존하면서 동시에 모욕자의 권리를 침해하지 않는다.
- **몰두**(absorb): 소극적/파괴적(passive/destructive)—모욕자의 권리를 존중하고, 반응자의 자긍심을 손상한다.
- **적응**(adapt): 소극적/건설적(passive/constructive)—모욕자를 보호하는 반면 반응자의 자아존중감과 권리를 최소한으로 보호한다.

Canfield, J. (1994). *100 Ways to Enhance Self-Concept in the Classroom*. Boston: Allyn & Bacon.

 Act!

나는 위의 모형에서 어떤 유형에 속하는지 서로 이야기를 나눈다.

대화의 5유형
배려의 대화는 진실된 대화다

학자들이 제시한 대화 유형

나딩스 (Noddings)	일상적 대화	영원한 대화	형식적 대화	
부버 (Buber)	진실한 대화	실무적 대화	위장된 독백	
버뷰리스 (Burbules)	대화	탐구로서의 대화	논쟁으로서의 대화	교수로서의 대화
프레이리 (Freire)	절제하는 대화		권위적인 대화	
가다머 (Gadamer)	새로운 이해를 낳는 지적 대화			

Conversation 회화, 대화, 담화
Dialogue 문답, 회화, 의논, 의견 교환, 논쟁, 회담(광의적인 개념)

대화에는 conversation과 dialogue의 2가지가 있다. conversation과 dialogue는 어떻게 다른가? 특정한 대화를 지칭하지 않고 넓은 의미의 일반적인 대화를 말할 때는 dialogue를 사용한다. 보통 회화, 대화, 담화를 뜻하는 conversation보다 dialogue는 문답, 회화, 의논, 의견 교환, 논쟁, 회담 등의 의미를 갖는 좀 더 광의적인 개념이다. 즉, dialogue는 conversation을 포함하는 개념이다.

세종은 시간이 걸리더라도 반대자들을 설득하고 끊임없는 대화, 토론을 통하여 일을 해결해 나갔다. 그리고 권력이 자신에게 집중되어 있는 왕이면서도 신하들의 말을 경청하였다.

 Act!

위에 제시된 학자들의 여러 대화 유형 중에서 내가 가장 마음에 드는 대화는 무엇인가?

대화 3유형
삶에는 형식적 대화, 영원한 대화, 일상적 대화가 있다

배려의 대화는 진실된 대화다

형식적 대화(formal conversation)

형식적 대화는 무엇을 말하는가? 논쟁·비평·토의·논리·훈련·질문 등을 말한다. 형식적 대화의 기능은 무엇인가? 사고와 행위의 정확성과 명료화를 촉진한다.

영원한 대화(immortal conversation)

영원한 대화는 '전통에 참여하는 대화(conversation as participation in tradition)'다. 이러한 대화에서는 실존적 주제를 다루며, 삶과 우주에 대한 생각을 촉진한다. 영원한 대화에서 다루는 주제들은 출생·죽음·학대·고통·불행·사랑·우정·행운·소외 등이며, 이야기·신화·전설·문학·종교에 있어서의 실존적인 것들이다. 이러한 주제에 대해 고민하고 논의하는 것은 영성을 증진시키게 된다. 문학을 읽고 좋은 삶, 우정, 행복 같은 영원한 대화의 주제에 대해 토론하는 것이 인격교육에 도움이 된다.

문학작품에 나타난 사람들의 다양한 인간적인 이야기를 듣고 논의하는 일이 인격 형성에 좋은 영향을 미친다. 그리고 수학자, 음악가, 화가, 농부, 간호사, 자연주의자, 목사, 교사들에 대한 이야기를 찾는 일도 필요하다.

대화와 토론을 함으로써 다방면의 인격을 증진할 수 있다. 문학, 철학, 종교 등에서 사람들의 인생관 및 삶의 발자취들을 폭넓게 느끼고 이해하는 것은 정서와 품성 함양에 좋은 영향을 끼친다.

⋮ 일상적 대화는 포괄적이고 발산적인 대화다

일상적 대화(ordinary conversation)의 목적은 무엇인가? 승리에 있지 않고, 우리의 삶을 개선하는 데에 있다. 일상적 대화는 열린 대화다.

일상적인 대화는 포괄적이고 발산적인 대화다. 발산적으로 일상적 대화를 하는 일은 정확하고 최종적인 해답을 구하는 데 있기보다는 감수성을 증진하며, 인간존재에 대해 공감하고 상호 간에 새로운 이해를 추구하는 데에 있다.

여담(digressions)이 일상적 대화의 모범이다. 여담이 삶의 핵심에 더 근접할 수 있다. 친밀한 관계를 맺기 위해서는 공유된 관심사와 일상적인 사건들에 대해 대화할 필요가 있다. 상대방이 "내게도 그런 일이 있었어!"라고 말하는 것은 의미 깊은 말이다. 가끔 자신의 이야기들을 털어놓아서 상대방으로 하여금 극적으로 생각을 변화시키기도 한다.

생일을 축하하는 것이 왜 영감이 있는 일상적 대화가 되는가? 생일을 축하하는 일은 좋은 삶과 건전한 영혼을 상기시켜 주기 때문이다. 특히 생일은 축하받을 필요가 있다. 생일축하는 현재에 대해 축하하는 일이다. 시험성적이 좋거나 승진, 승리를 축하하는 것보다 생일을 축하하는 일이 더욱 중요하다. 생일축하는 그 사람의 언행이나 업적에 대해 감사하는 것이 아니라 태어나서 우리와 함께 존재하고 있다는 사실을 감사하는 일이기 때문에 근본적인 멘터링의 하나다. 생일축하는 생명을 찬양하고 그것에 대해 기뻐하는 일이다. "네가 존재하는 것에 감사한다(Thank you for being you)." "네가 살아 있어서 좋고, 네가 이 지구상에서 나와 함께 걷고 있으니 행복하다." "나는 너를 사랑한다."라는 말들은 자존감을 높여 준다.

대화는 만남을 통해서 이루어진다. 직접 만남이 2번은 있어야 친밀해질 수 있다. 가끔 이메일(e-mail)이나 휴대 전화로 의사소통을 하는 것이 좋다. 특히 성공한 사람과의 커뮤니케이션은 나의 브랜드 이미지와 가치를 높이는 데 결정적 역할을 한다. 키이스 페라지와 탈 라즈(Ferrazzi, & Raz, 2005)의 『혼자 밥먹지 마라(Never Eat Alone)』에서는 미리 커뮤니티를 만들라고 권하고 있다. 필요할 때 만남을 갖기 시작하면 이미 늦기 때문이다. 커뮤니티는 곧 네트워킹을 의미한다. 그리고 만남에서는 첫인상이 가장 중요하다. 첫인상은 그 사람을 판단하는 초기 정보가 되기 때문이다. 처음 정보가 모든 정보 처리의 핵심이 되는 것이다. 인간관계의 시작은 호감에서 비롯된다. 유쾌한 표정으로 함께 식사를 하는 만남을 가지면 서로 친밀해진다.

새로운 만남은 새로운 삶을 만든다. 그 만남을 지속시키는 것은 추억을 공유하는 데 있다.

 Act!

내게 가장 기억에 남는 여담은 무엇인가?

배려 대화의 제1요소 – 진실성
진실성은 있는 그대로를 드러내는 특성이다

진실한 대화는 인내와 정중함을 필요로 한다. 또한 상대에게 상처 주지 않는, 파괴적이지 않은 방향으로 정서적인 대화를 하는 것이 무엇보다 중요하다. 사랑과 겸손한 태도가 있는 자유로운 대화, 신뢰와 희망을 주는 대화는 진실한 대화다.

매슬로(A. H. Maslow)가 말하는 자아실현을 위한 조건의 하나가 진실성이다. 진실성이란 개방적이고 진지하며 자신의 경험을 제대로 알고 깊이 있게 스스로를 드러내는 것을 의미한다. 진실성은 진솔성(Authenticity) 또는 성실성이다. 진솔성은 느낌과 표현이 같은 것이다. 로저스(K. Rogers)도 상대방의 성장과 개선을 원한다면 진솔해야만 한다고 말한다.

진실성이란 무엇인가? 여기서 진실성이란 성실성, 솔직성, 일관성, 투명성, 실제성, 정직성, 확실성이다. 즉, 방어적이지 않고 숨은 의도나 신중하게 조작된 이미지가 없이 상대에게 자신을 있는 그대로 나타내는 것을 의미한다.

마을에서 돼지를 잡는 것을 보고 맹자가 어머니에게 물었다. "어머니! 누구를 주려고 돼지를 잡습니까? 마을에서 잔치가 있나요?" 맹자의 어머니는 "너를 주려고 돼지를 잡는 거란다."라고 무심코 대답했다. 맹자는 어머니의 말을 듣고 매우 좋아했다. 그러나 부질없는 농담을 던진 어머니는 후회막급이었다. 아들의 실망하는 모습이 눈앞에 어른거렸다. 결국 어머니는 돼지고기를 사다가 정성껏 요리를 해 아들에게 먹였다. 맹자의 어머니는 무심코 던진 농담에 대해서도 끝까지 책임을 졌다. 그리고 그날 이후부터 아들 앞에서는 농담이라도 거짓말은 하지 않았다고 전해진다. 진실은 항상 경건하게 지켜야 하는 것이다.

⦂ 인간관계는 하나의 순수한 대화다

부버(M. Buber)는 진정한 삶은 만남이고, 만남을 가능케 하는 것이 대화이며, 인간관계란 하나의 순수한 대화라고 말한다.

부버는 자기만족이나 과시를 위해 하는 말들은 대화로 위장된 독백(monologue disguised as dialogue), 실무적 대화(technical dialogue), 진실한 대화(genuine dialogue)의 3가지 대화가 있다고 보았다.

프레이리(P. Freire)에 따르면, 절제하는 대화와 권위적인 대화가 있다. 절제하는 대화는 정중함을 낳지만, 권위적인 대화는 상대로 하여금 자신감을 잃게 하고 불안하게 만든다.

잔소리, 화내기, 놀림, 거짓말, 비난, 일방적인 대화, 구호, 주입, 공허한 이야기, 구체성이 없는 말, 강요하는 말, 욕 등은 남을 배려하지 않는 대화다.

> 신의가 있어 보이는 말은 오히려 아름답지 못하고, 아름다운 말에는 역설적으로 신의가 없다. 선량한 사람은 말에 능하지 못하고, 말을 잘하는 사람은 선량하지 않은 것이다.
>
> 信言不美 美言不信 善者不辯 辯者不善
> (신언불미 미언불신 선자불변 변자불선)
>
> 『도덕경』 제81장

፧ 나딩스(Noddings)의 대화 3유형

일상적 대화
신뢰, 존중, 용기, 책임, 헌신, 정직, 성실 같은 능력들에 대해 말하는 대화이며, 자신의 가치를 강요하지 않고 존경, 기쁨, 선택, 시간 관리, 유머, 인간적 결점, 두려움, 실망, 감사, 친절, 관용, 온유함, 애정 등에 관해 자연스럽게 메시지를 전달하는 대화다. 그리고 생활 속의 여담이 오히려 삶을 풍요롭게 한다.

영원한 대화
출생, 죽음, 고통, 불행, 사랑, 우정, 행운 등의 실존적인 주제의 대화로서 영성 증진과 인격 함양을 도모한다.

형식적 대화
사고와 행위의 정확성과 명료화를 촉진하며, 말하기, 읽기, 쓰기, 듣기의 능력을 증진한다.

፧ 배려를 위한 대화 도형

영원한 대화 · 지적 대화 · 진실한 대화 · 절제하는 대화 · 일상적 대화

 Act!

나는 보통 어떤 유형의 대화를 하고 싶은가?

버뷰리스(Burbules)의 대화 4유형

Burbules, N. C. (1993). *Dialogue in teaching: theory and practice*.
N.Y: Teachers College Press. pp. 110–130.

할 어반(H. Urban, 2004)의 『긍정적인 말의 힘(Positive words, Powerful results)』에서 보면, 친절한 말과 부드러운 목소리의 톤 그리고 따뜻한 스킨십이 합쳐져서 시너지 효과를 낼 때, 상대방의 마음을 열 수 있다.

배려능력= 열정+기술+실천		대화기술	
		×	○
배려의 태도	×	학대	조종
	○	오해	자존감

Act!

버뷰리스의 대화 유형 가운데 내게서 가장 부족한 대화는 무엇이며, 그 대화의 증진을 위해 어떻게 할 것인지 말해 본다.

⋮ 쉽게 풀어서 전달하는 대화가 이야기다

가치와 신념을 쉽게 풀어서 상대에게 전달하는 대화방식이 이야기다. 대화에서 어떤 이야기들이 활용될 수 있는가? 전기, 신화, 역사적 사건, 서사시, 우화 등이다. 고대 스파르타에서는 집에서 가족들이 식사하면서 아이들에게 우화(寓話)를 들려주는 좋은 관습이 있었다.

신화는 영감이 넘치는 이야기로서 호기심과 독창성을 촉진하는 상상력을 풍부하게 하며, 정서적 태도를 형성하고, 인간 행동에 활력을 불어넣고, 인생의 목표를 시사해 준다. 신화에서는 배려·동정·평화·조화가 강조된다.

리더는 이야기 목록, 자발적인 사려 깊은 계획을 지녀야 하며, 지적으로 존경할 만한 이야기뿐만 아니라, 논쟁적인 비평, 수수께끼나 보다 새로운 예화, 청소년 문학, TV드라마, 뉴스, 스포츠 등에 대해서도 관심을 가질 필요가 있다.

나의 다짐
* 사람들에게 호감을 주는 괜찮은 사람이 된다.
* 남들로 하여금 식사를 같이하고 싶은 사람이 된다.
* 나로 인해 주변 사람이 행복해지는 사람이 된다.

Act!

사람들에게 들려주고 싶은 우화, 동화, 신화 중 1가지를 이야기해 본다.

배려능력 증진법
배려주제에 대한 이야기는 배려능력을 높인다

배려의 '관계성'을 촉진시키기 위한 방법

전기, 신화, 역사적 사건, 서사시, 우화 같은 이야기, 수수께끼, 시, 노래, 영화, 놀이, 여가선용

건강, 위생, 자녀양육, 출산, 죽음, 가정살림, 안전, 영양, 환경, 신체, 머리, 옷, 목소리, 피부, 행위, 정서, 평화, 살인, 사랑, 우정, 공포, 희망, 의무, 신(神), 성(性)과 같은 개인과 연관된 구체적인 사항들에 대해 이야기하는 것이 배려능력을 높인다.

 Act!

건강, 죽음, 신체, 평화, 사랑, 우정, 성 중에서 1가지를 선택하여 1분 스피치를 한다.

말치료
열린 질문은 상처를 치유한다

라캉(J. Lacan)은 언어의 무의식을 말했다. 무의식은 망각 · 억압하여 쌓아 놓은 장소다. 무의식의 존재를 인정하는 것이 정신분석이다. "내가 생각하는 곳에 나는 존재하지 않는다." "내가 존재하는 곳에서 나는 생각하지 않는다."고 라캉은 말한다. 내가 존재하는 곳은 무의식적 존재의 장소이며, 내가 생각하는 곳은 의식의 사고를 하기 때문이다.

정신분석이란 자기반성이다. 환자는 스스로 분석을 행하는 사람이다. 분석실행자다. 한 인간의 출생도 자신이 엄마와 아빠를 이용해서 스스로 선택하는 것이다. 정신분석의 시작은 고통의 주체를 사유의 주체로 변화시키는 데 있다. 고통의 주체가 자유연상을 통해서 사유의 주체로 변화할 수 있는 것이다.

상대의 상처를 치유하는 언어는 "오늘 아침은 어땠어?"와 같은 '열린 질문(open question)'이다. '예(yes)'와 '아니요(no)'를 답하게 하는 특정 질문은 '닫힌 질문(closed question)'이다.

리더는 말치료를 사용한다. 말치료란 증상을 이야기하여 눈 녹듯이 증상이 사라지게 하는 치료법이다. 카타르시스의 방법이다. 이것은 고통의 주체를 사유의 주체로 변화시키는 하나의 방법이다.

말에는 꽉 찬 말과 텅 빈 말이 있다. 농담·실언·망상이 꽉 찬 말이다. 유창한 말이 오히려 텅 빈 말로서 무의식을 드러내지 못하는 것이다.

질문은 잠재의식 내지는 무의식을 일깨우게 하는 매개체 역할을 한다. 분석가로서의 리더는 상대에게 자주 전화를 하고 만나서 열린 질문을 해야 한다.

 Act!

말치료를 하는 구체적인 3가지 이상의 방법을 찾아서 기술한다.

경청 기법 1
말을 적게 하는 것이 자연이다

시각적 청취 · 해석 · 침묵 · 설명이 정신분석 행위다. 해석이란 이미지를 이용해서 추상적인 것을 구체적인 것으로 바꿔서 해석하는 일이다. 평온함이 정신분석의 종결이다.

치유 효과를 내려면 말을 적게 한다. 말을 적게 하는 것이 자연이다. 토론이나 대화 시에 상대방의 말이 끝날 때까지 조용히 상대방의 말에 귀 기울여 준다. 귀 기울여 듣는 요령은 다음과 같다. 나의 이야기를 멈춘다. 내가 조용히 함으로써 더 많은 것을 들을 수 있다. 말하는 사람을 주시한다. 몸짓으로 하는 말에도 주의를 기울인다. 타인이 경청해 줄 때, 상대방은 치료의 효과까지 얻게 된다.

예를 들어, '반복하기'는 "요즘 사업하기 너무 힘들어!"라는 말을 들으면 곧 "정말 힘이 드시겠군요." 하고 맞장구를 쳐 주는 것이다.

'바꾸어 말하기'는 상대방이 한 말과 같은 뜻을 가진 다른 말을 사용하는 것이다. 예를 들면 "학교생활이 싫증나서 더 이상 다니기 싫어!"라고 말하면 "그러니까 네 얘기는 학교생활이 거의 한계에 도달했다는 뜻이니?"라고 바꾸어 말할 수 있다.

'요약하기'란 상대방이 말한 내용의 초점을 압축해 주제를 명확히 하는 것이다. 요약한다는 것은 요점을 다시 알려 준다는 말이다. 요약해 주면 신뢰감이 증진되며, 대화를 계속하게 한다. 요약의 시기는 오해가 일어나고 있다는 느낌이 들 때, 서로의 입장을 분명히 하고 싶을 때, 갈등을 풀고 싶을 때다. 느낌에는 긍적적 느낌과 부정적 느낌이 있다. 관계를 맺고 있는 사람들 사이에서 부정적 느낌이 생기면 인간관계를 개선하라는 신호이며, 긍정적 느낌이 오면 자유로운 전인적 성장이 촉진된다는 신호다.

• 말보다는 문서 사용을 생활화한다.
• 진정한 리더가 말을 하면 사람들은 듣는다.
• 칭찬을 하면 긍정적인 것에 대한 관심이 증진된다.
• 우리가 말을 바꾸면 세상이 바뀐다. 말에는 창조의 힘이 있다.
• 결론부터 말하고, 핵심을 찔러 말하며, 미래가 있는 이야기로 어떤 이야기이든 3분 안에 끝낸다.

다카이 노부오. (2003). 朝10時までに仕事はかたずける. 은미경 역.
아침형 인간으로 변신하라. 서울: 명진출판.

수용적 언어
수용적 언어가 배려를 낳는다

"그만 장난치고 숙제나 해."는 명령지시적 언어이며, "학교생활 잘하고 싶으면 내가 원하는 대로 성실해야 할거야."는 경고성 언어다. "학생의 임무는 공부하는 것임을 잊어서는 안 돼."라고 말하는 경우는 다분히 설교적인 언어다. "너 같이 게으른 녀석은 처음 봤다."고 말한다면 비난조의 언어가 되어 버린다.

뿐만 아니라 구성원이 문제를 가지고 있다는 사실조차 잊어버리게 만드는 비수용적인 언어도 있다. "너만 고민이 있는 게 아냐. 나도 너만 할 때는 그런 일 가지고 심각하게 느끼곤 했지. 별일 아니야. 잊어버려."라고 동정 · 위로하는 말은 상대방의 마음속에 담겨 있는 문제의 근원을 그냥 덮어 버리게 만든다.

상대방의 문제를 파악하지 않고서 무조건 행동과 변화만을 요구하는 것은 옳지 않다. 따라서 상대를 인정하고 격려하며 잘 듣고 이해해 주는 식의 수용적 언어가 바람직하다. "좋은 하루 되세요."는 밝은 언어이고, "해 볼테면 해 봐."는 거친 언어다. 마음정서가 언어를 결정짓는다. 책에 씌어 있는 정신의 언어도 마음과 감정, 열정을 담고 있어야 읽는 사람에게 무엇인가를 전달할 수 있다.

대화 시에도 일방적으로 명령 · 지시 · 충고 · 훈계 · 비난하는 것은 상대방을 타율적 · 소극적이며 반항하게 만든다. 남에게 권고할 경우에도 "휴지를 버리지 말자."식의 부정적 표현보다는 "쓰레기는 휴지통에 버리자." 등의 긍정적이고 간결한 표현으로 이야기한다. 재치로 포장되었거나 어려운 말은 정결한 언어가 아니다.

비지시어
질문이 대표적인 비지시어다

교육받은 사람은 번스타인(B. Bernstein)이 말한 바처럼 형용사와 부사를 적절히 구사하여 긴 문장으로 세련된 대화를 한다. 시간과 장소도 구체화한다. 사실적인 정보, 인쇄물, 숫자들을 지적해서 말한다. 로마의 키케로(Cicero)는 과장되지 않은 말을 하는 사람이 훌륭한 웅변가라고 보았다. 질문, 칭찬, 격려, 인정의 비지시적 언어를 구사하는 사람이 배려 리더다. 왜곡되고 과장된 표현으로는 원활한 커뮤니케이션을 하기 어렵다.

보이드(W. Boyd)는 3세의 아동에게 고함을 치면서 키우면, 12세에는 말을 듣지 않고, 20세에는 싸움하기 좋아하고, 30세에는 오만해지고 그의 전 생애를 통해서 참을성 없는 인간이 되어 버린다고 경고하였다.

처음에는 비판을 하고 차츰 칭찬을 해 준다. 사람들은 비난을 듣다 나중에 칭찬을 받게 됐을 때 계속 칭찬을 들어온 것보다 더 큰 호감을 느낀다. 옷차림, 헤어스타일 등에 대해 하루에 10번 이상 칭찬을 한다. 칭찬해서 나쁘게 된 사람은 아무도 없다. 그리고 칭찬은 '나-전달법(I-Messege)'으로 한다. '너-전달법(You-Message)'은 상대방을 비난하기가 쉽다. 그러면 서로의 관계는 악화된다. 상처 주거나 위협적인 말, 빈정거리고 비난하는 말, 비교하는 말, 성차별하는 말을 하지 않는다.

부버와 나딩스는 응답하는 대화와 꾸밈없는 대화를 진실한 대화라고 생각했다. "화가 치밉니다."보다는 "실망감을 느낍니다."라고 말한다. 감정을 쌓아 두지 말고 초기에 표현한다. 소망을 밝힌다. 캔필드가 지적하듯이, '건설적(constructive)' '적극적(active)' 측면을 고려하면서, 상대에게 상처를 주려는 파괴적인 마음과 태도에서 벗어나야 비로소 진실한 커뮤니케이션이 가능하다.

칭찬의 기술
- 즉시 칭찬한다.
- 공개적 · 구체적으로 칭찬한다.
- 결과보다는 과정을 칭찬한다.
- 자신이 깨닫지 못하거나 남이 알지 못하는 점을 찾아서 칭찬한다.

Act!

1. 나의 가장 소중한 사람에게 하고 싶은 질문을 3가지 만들어 본다.
2. 지시어와 비지시어를 비교해서 설명한다.
3. 대중어와 교양어를 구분하여 말해 본다.

좋은 스피치

스피치의 5요소

배려의 코칭 기술

차동엽(2007)의 『무지개 원리』에 보면, 좋은 말이든 나쁜 말이든 평범한 말이든 우리가 자주 쓰는 말에 따라 우리의 미래가 결정된다. 그러므로 절제, 매력, 승리, 격려의 말을 해야 한다.

Act!

1. 질문을 하면 무엇이 좋은지 그 효과에 대해 기술한다.
2. 지금 내 삶에서 가장 기쁨을 느끼는 것이 무엇인지 스스로에게 질문하고 그것을 말해 준다.

커뮤니케이션
커뮤니케이션은 듣기에서부터 출발한다

사람들은 약 70~80%의 시간을 커뮤니케이션하는 데 쓰면서 생활한다. 커뮤니케이션의 시작은 듣기에서부터 출발한다.

지능이 높고 부정직한 사람들은 화제를 바꿈으로써 공격적인 상황을 피한다. 특권의식이 강한 사람은 불만족을 표현하지 않고 타인을 비판하여 책임을 전가시키는 경향이 있다.

효과적인 커뮤니케이터는 상대방의 요구를 고려해서 적절하게 메시지를 전달하고 민감하게 반응하는 사람이다. 메시지는 하고 싶은 말로서 상대방에게 전달하고 싶은 생각과 의견이며, 비언어적 요소도 포함한다.

발은 현재에 두고 시선은 멀리 본다. 자신이 원하는 일을 하면서 내일을 예견한다. 후회하지 말고 반성한다. 근심을 버리고 희망을 택한다. 매일 지속적으로 쉬지 않고 변화를 꾀한다.

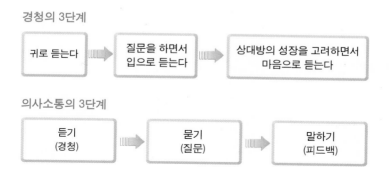

경청의 3단계

| 귀로 듣는다 | ⇒ | 질문을 하면서 입으로 듣는다 | ⇒ | 상대방의 성장을 고려하면서 마음으로 듣는다 |

의사소통의 3단계

| 듣기 (경청) | ⇒ | 묻기 (질문) | ⇒ | 말하기 (피드백) |

좋은 커뮤니케이션
천천히 낮은 음성으로 말하는 것이 좋은 커뮤니케이션이다

말할 때에는 천천히, 그리고 낮은 톤으로 말하는 것이 좋다. 높은 톤으로 빨리 말하면 가벼운 인상을 준다. 낮은 톤으로 천천히 이야기하면 침착하다는 이미지를 준다. 목소리를 낮출수록 설득력이 있다.

적절한 정도로 억양의 변화를 주어 명료하게 말한다. 정확하게 발음한다. 말하는 내용이 우선 쉬워야 한다. 재미있고 간결해야 한다. 남과 대화할 때는 중요한 것은 처음과 끝에 말하고, 10분 정도마다 변화를 준다.

긍정적인 말이나 생각은 심지어 그것을 꾸며 낸 것이라 해도, 듣는 사람의 기분을 유쾌하게 만드는 힘을 지니고 있다.

능숙한 커뮤니케이션을 위해서 풍부한 어휘력이 필요하며, 책 읽기가 큰 힘이 된다.

'~해야 한다.' '반드시 ~할 것' '결코 ~해서는 안 된다.'라는 말을 피한다. 그리고 대화를 오랫동안 이끌어 가고 싶다면, "그래, 너의 생각은 어떤데?"처럼 자주 상대에게 물어본다.

리더라면 '내가' '아니요'라는 표현을 당당히 해야 하고, 자신이 원하는 것을 분명하게 밝힐 줄 알아야 하며, 일관성 있게 지켜 나가야 한다. 자신감은 생각과 느낌을 있는 그대로 표현하는 데서 발견된다.

구체적 커뮤니케이션
완전한 문장은 품격을 높여 준다

평가적·통제적·단정적 발언과 같은 방어적 커뮤니케이션에 비해서 설명식, 문제중심, 자연적, 감정이입적 표현은 열린 커뮤니케이션이다.

부정적 정서가 생길 경우에는 신호등을 생각한다. 1단계(공감 이해의 단계) → 2단계(감정 표현의 단계) → 3단계(타협, 협상의 단계)를 생각하며 의사소통한다.

충분히 생각하고 가슴으로 말한다. 상대방의 잘못을 지적할 때는 확실하게 지적한다. 모호한 표현은 설득력을 약화시킨다. 그때 꾸짖고 있는 내용에만 한정한다. 질책을 해야 할 경우는 샌드위치 화법을 쓴다. 칭찬의 말＋질책의 말＋격려의 말의 순서로 한다. 질책을 가운데 두고 칭찬을 먼저 한 후, 끝에 격려의 말을 한다.

상대방을 칭찬할 때는 본인이 중요하게 여기는 것을 칭찬한다. 처음 만나는 사람에게는 먼저 칭찬으로 시작한다. 중국의 한비자(韓非子)도 상대를 칭찬하고 부끄러워하는 일을 잊게 하라고 충고했다. 자신감을 갖게 하고, 안심시킨다.

상대에게 부탁해야 할 때는 쉽고 구체적으로 부탁한다. 기간, 비용, 순서 등을 명확하게 제시하면 상대방이 한결 받아들이기 쉽다. 거절을 당해도 싫은 내색을 하지 않는다.

상대의 요구를 거절해야 할 때는 단호하게 거절하는 것이 좋다. 그러나 거절에도 테크닉이 필요하다. 명령해야 할 때는 "이렇게 해 주는 것이 어떻겠습니까?"라고 말한다.

완전한 문장을 말한다. 완전한 문장은 말하는 사람의 품격을 높여 준다. 명확한 표현을 위해서 종이를 준비하고, 중심 아이디어를 그 종이 중앙에 동그라미나 네모 칸 안에 써서 배치한다. 마인드맵 (mind-map)을 이용해서 아이디어를 떠오르는 대로 적어 나간다. 그 것을 보면서 이야기한다.

언제나 희망이 넘치는 말을 한다. 평온한 마음으로 부드러운 말을 한다. 그리고 침묵한다.

모든 인간관계는 희생과 헌신이 따른다.
남의 성공을 진심으로 축하한다.

🎯👥 3가지 인간관계
저속한 관계 — 자신이 받은 대우보다 더욱 좋지 않게 남을 대접
평범한 관계 — 동일한 수준으로 상대방을 대우
고귀한 관계 — 자신이 받은 대우보다 한층 남을 존중

Maxwell, J. (2004). *Winning with people*. 웨슬리 퀘스트 역(2006). 신뢰의 법칙. 서울: 21세기북스. p. 265.

 Act!
배려를 학습하면서 느낀 것이 무엇인지 진솔하게 1분 이내로 이야기한다.

대중스피치 기법 1
준비는 무대 공포를 줄여 준다

평소에 대중 앞에 서는 연습을 자주한다. 공포나 긴장을 없애는 가장 좋은 방법은 여러 사람 앞에 자주 섬으로써 경험을 얻고 훈련을 하는 방법이 가장 좋다. 약간의 불안과 흥분은 자연스러운 것이다. 충분한 리허설을 하고 준비하는 것은 불안감 해소에 도움이 된다. 로마의 웅변가 키케로도 "연설할 때면 얼굴이 창백해지고 온 몸이 떨린다."고 고백했다.

무대 공포를 없애는 길은 충분한 준비에 의해서 가능하다. 이야깃거리를 많이 만들어 둔다. 다양한 질문에 대해서도 충분한 답변 준비를 한다. 먼저 이야기하고자 하는 주제를 분명히 정한다.

직접 부딪쳐서 부끄러움을 극복한다. 대중 앞에서 말하는 것을 즐길 필요가 있다. 이름을 부르고 눈을 마주치면서 말하는 것도 하나의 방법이다.

그리고 서두를 멋지게 시작한다. 서두에서 약간 뜸을 들이면서 청중들의 시선과 관심을 모으는 것도 하나의 좋은 방법이다. 말하기 전에 긴장을 푼다. 심호흡을 깊게 한 후 입을 연다.

말 첫머리의 2~3개의 문장을 써서 외워 가지고 나가서 말한다. 유머로 긴장을 줄이는 여유를 가진다. 큰 소리로 자주 연습하고 단위에서는 몸의 동작을 담대하게 한다. 서론-본론-결론의 3단계 논법으로 화제를 진행한다.

　알기 쉽게 설명한다. 훌륭한 스피치는 신속히 그리고 간략하면서도 꾸밈없이 쉽게 전달하는 것이다. 간결한 단어, 문장을 사용하여 쉽게 말한다. 실례, 그림, 이야기, 예화를 잘 활용한다. 구체적이지 않으면 감동을 주지 못한다. 정말 실감이 나는 이야기를 한다. 눈에 보이는 듯, 손으로 만져지는 듯이 이야기하여 상대방을 감동시킬 수 있다. 표정과 태도로 열정과 성실을 보여 준다.

　어조를 변화시키고, 대충 말하지 말고, 스스로 과소평가하는 말을 쓰지 않으며, 자기 말을 앞세우려 하지 않는다. 그리고 '저기요…….' '음…….' '있잖아요…….' 같은 무의미한 단어를 쓸데없이 반복하지 않는다.

Act!

지금 떠오르는 생각 또는 주제로 1분 스피치를 한다.

질문 기법
질문은 리더십이다

질문은 대화촉진, 타인의 관점 이해, 신뢰형성, 정보의 검증을 위한 적극적인 커뮤니케이션의 주된 요소다.

배우기를 좋아하고 자신의 부족함을 보충하기 위하여 매사 묻기를 좋아하는 것은 학문하는 사람의 기본 태도다. 공부하는 사람은 수치스러움을 잊고 누구에게나 묻기를 즐기는 것이다.

근대 교육학자 코메니우스(J. A. Comenius)는 질문을 높이 평가한다. 많이 질문하고, 질문한 답을 잘 간직하며, 간직한 답을 남에게 가르치는 것, 이 셋은 학생을 스승보다 낫게 한다. 나보다 못한 사람에게 묻기를 부끄러워하지 않는다. 유능하면서도 무능한 사람에게도 묻고, 박학다식해도 잘 알지 못하는 사람에게 묻는다. 공자는 묻는 것이 학문하는 사람의 기본 태도라고 보았다. 공자는 매사를 물어서 처리했던 것이다. 자세히 묻는 '심문(審問)', 명료하게 말하는 '명변(明辯)'은 학습자의 필수 요소다.

남에게는 '왜?'의 질문을 피한다. 사람들을 방어적으로 만든다. '왜?'라는 질문은 보통 진술을 가장하며 억양이 부정적이며 강압적이다. 그런데 나 자신에게는 '왜?'의 질문을 자주 하는 것이 좋다. 나의 SQ 증진도 된다. 그리고 '자아 정체성'을 찾기 위해서는 '나는 누구인가?' '나는 어디로 가고 있나?'라고 자신에게 자주 묻는 것이 유익하다.

: 도전적이면서 무비판적인 질문을 한다

나는 물론 남에게도 바람직한 질문은 '무엇을?' '어떻게?'라고 묻는 것이다. "레포트 다 썼니?"보다는 "레포트 어떻게 되었니?"와 같이 관점, 사고, 의견, 감정을 이끌어 낼 수 있는 개방형 질문을 사용한다. '누가, 언제, 어디서, 무엇을, 어떻게'를 이용해서 묻는다.

이야기되고 있는 내용이 막연하다 싶을 때는 질문을 한다. 들은 것을 직접 되짚어 이야기하거나 요약해 본다.

상대방이 대답할 수 있는 질문을 한다. 한번에 한 가지의 질문을 한다. 부정형의 질문은 상대방으로 하여금 방어적으로 만든다. 질문을 하기 전에 그 질문의 필요성을 설명하고 상대방의 허락을 받는 것이 좋다. 모호한 질문은 불확실한 답변을 부른다. 도전적이지만 무비판적인 질문을 한다.

대답이 나올 때까지 질문을 하고 기다리는 여유가 필요하다. 대답이 나올 수 있도록 다시 질문한다. 정답이나 적절한 답을 했을 경우 구체적으로 칭찬하거나 평가적 표현보다는 설명적 표현의 피드백을 한다.

말하는 사람이 질문하지 않았거나, 말이 다 끝나지 않았을 때 자기의 의견을 삽입하는 것은 신사답지 못하다. 간혹 자신의 의견을 삽입해야 하는 경우가 있을지라도 질문한 것에 한정해야 한다. 동석한 사람 모두가 이야기를 마치고 나서 질문의 기회가 주어졌을 때에 공손하게 자기의 질문을 피력하는 것이 좋다.

⋮ 열린 질문은 사고를 촉진한다

질문을 짧게 하는 것이 좋다. 질문에는 폐쇄형 질문과 개방형 질문이 있다. 개방형 질문은 답변을 유도하지 않으면서 아이디어를 끌어낸다.

닫힌 질문은 '예/아니요'를 대답하게 하거나 정답이 하나밖에 존재하지 않는 질문이다. 수렴적 질문은 정답이 서너 개 존재하는 질문이다. 발산적 질문은 답이 여럿 존재하는 질문이다. 열린 질문은 정답이 없는 질문이다. 열린 질문은 특히 창의적 사고를 촉진한다.

개방형 질문과 확대 질문은 듣는 사람의 능력과 가능성을 촉진하게 만든다. 무의식에까지 이르게 하는 깊이가 있는 질문이 이러한 질문들이다.

그리고 미래 질문, 긍정 질문이 과거 질문, 부정 질문보다 자아실현에 보다 효과적이다. 가능성은 미래에 있는 것이지 과거에서 찾기 어려운 것이다.

부정 질문은 "왜 일이 잘 안되는 거지?" "선생님은 저를 싫어하지 않나요?" 등이다. 부정 질문은 우리가 가고 싶지 않은 방향을 지향하고 있으며 답답할 뿐만 아니라 비관적인 이미지를 담고 있고 마이너스 사고를 표현한다.

특정 질문은 "오늘이 무슨 요일이지?" "자네 결혼했는가?" 등이다. 특정 질문은 상대방의 생각을 확인하거나 단순한 선택을 촉구할 때 사용하는 것이다.

● 개방형 질문에서 구체형 질문으로 옮겨 간다

처음에 대답하기 쉬운 정도의 넓은 개방형 질문을 하고 차츰 질문의 범위를 구체적으로 좁히면서 상대방의 반응을 이끌어 내는 질문법이 무난하다.

공자는 동일한 질문에 대해서도 제자에 따라 다른 대답을 하였다. 공자는 주의 깊게 한 사람 한 사람의 성격을 관찰하였다. 제자들의 마음을 편안케 한 후 그들의 생각을 기탄없이 자유롭게 말하도록 하였다. 제자들이 말하는 동안 그는 자기가 받은 인상을 종합하여 그들의 장점을 어떻게 살리고 약점은 어떻게 극복할 수 있는가를 생각하였다.

공자는 제자의 성품에 상응하여 대화를 통해 가르쳤다. 예컨대, 자로와 같이 성격이 급하고 주도적인 제자에게는 절제의 덕성을 기르게 하고, 염유처럼 지나치게 겸손한 제자에게 용감한 덕성을 기르도록 조언했다.

질문과 경청

『목민심서』에서는 리더가 '세계를 보는 밝은 눈, 즉 통찰력과 예견력, 사방의 이야기를 잘 듣는 귀, 즉 경청능력'을 지닌 사람으로 본다. 경청은 배려자의 최소한의 노력을 필요로 하며, 경청은 상대방을 배려하는 중요한 행위다. 경청할 줄 아는 인자한 리더는 간사한 속임수에 가까운 남의 마음속을 긁는 것 같은 질문을 하지 않는다.

『목민심서(牧民心書)』 4권. 이전(吏典) 오조(五條) 찰물(察物). 『여전(與全)』 5집. 382.

경청과 그 태도
2번 듣고 1번 말한다

경청   상대방의 입장에서 이야기를 마음으로 듣는 것이다. 진지하게 듣는 태도를 취하면 상대방이 가슴을 열고 호감을 갖게 된다. 경청은 타인에 대해서 배려하고 있다는 것을 전해 주는 중요한 배려행위다. 그리고 경청에는 '적극적인 경청'과 '반성적인 경청'의 방식이 있다.

경청의 태도   교양 있는 사람은 토론이나 대화 시에 상대방의 말이 끝날 때까지 조용히 상대방의 말에 귀 기울여 준다. 말을 듣기보다는 다음에 자신이 어떤 말을 할 것인가를 준비하는 데만 몰두하는 것은 경청의 태도가 아니다. 무엇보다도 마음의 문을 열고 말하는 사람의 아이디어를 받아들여야 한다. 말 그 자체에 관심을 가지기보다 상대방의 억양, 말의 속도, 얼굴 표정, 동작, 감정 등에 적극적으로 신경을 써야 한다.

최소한 2번 듣고 1번 말한다. 상대로 하여금 2분간 말하게 하고 나는 1분간만 말한다. 그리고 이야기가 끝난 것 같이 보이더라도 잠시 기다리는 것이 좋다. 상대로 하여금 충분히 이야기할 기회를 준다. 경청한 다음에 이해시킨다. 그러면 '놀랄 만한 훌륭한 대화 상대'라는 말을 듣게 될 것이다.

만일 상대방의 잘못된 언행으로 화가 났다면, 보통 그중의 90%는 과거에 그가 잘못한 일을 떠올리기 때문이며 약 10%만이 그 순간의 잘못에 의해 화를 내는 것이다.

경청 기법 2
경청은 치료의 효과를 낸다

마음으로 듣는 것

2번 듣고 1번 말하기

치유하는 경청

공감하며 들어 주기	요점을 정리하며 들어 주기
구체적으로 세심하게 질문하기	해석, 침묵, 설명, 확인, 반복하기

중심이 되는 주제에 귀를 기울여 듣는다. 이야기되고 있는 내용이 막연하다 싶을 때는 질문을 한다. 들은 것을 직접 되짚어 이야기하거나 요약해 본다.

타인이 경청해 줄 때, 상대방은 치료의 효과까지 얻게 된다. 그래서 우리 주변에는 신중하고 성실하며 현명한 사람들이 있어야 한다.

경청과 질문
상대를 파악하는 데는 질문보다 경청이 낫다

　경청은 나의 관점을 포기하지 않으면서 다른 사람에게 나의 주장을 강요하지 않고, 상대가 내게 말하려고 하는 것에 귀를 기울이는 것이다. listening은 의식적으로 귀를 기울여 적극적으로 듣는 것이고, hearing은 들으려는 의사와 관계없이 소극적으로 듣는 것이다. listening이 경청이다.

　경청은 의식적으로 귀를 기울여 듣는 것이다. 귀 기울여 듣는 요령은 다음과 같다. 나의 이야기를 멈춘다. 내가 조용히 함으로써 더 많은 것을 들을 수 있다. 시끄러운 잡음, 좋지 않은 냄새 등은 경청을 저해하는 외적 요인이며, 공상, 주의 산만 등은 내적 요인이다.

　상대를 파악하는 방법은 질문보다도 경청이 더 나은 방법이다. 다른 사람의 이야기에 진지하게 관심을 기울이고 잘 들어 준다. '마음의 귀'를 갖고 이야기를 들으면 친밀한 관계가 형성된다. 말하는 사람을 주시한다. 중심이 되는 주제에 귀를 기울여 듣는다. 이야기되고 있는 내용이 막연하다 싶을 때는 질문을 한다. 들은 것을 직접 되짚어 이야기하거나 요약해 본다. 이처럼 경청하는 일은 배려자의 최소한의 노력을 필요로 한다.

커뮤니케이션 기법
명령이 아니라 제안한다

- 격려한다.
- 먼저 듣는다.
- 자신 있게 말한다.
- 긍정적으로 말한다.
- 결론을 명확히 한다.
- 말로 마무리한다.
- 완전한 문장을 말한다.
- 여운을 남기는 말을 한다.
- 시간과 장소도 구체화한다.
- 상호 시선을 맞추고 대화한다.
- 말하기 전에 심호흡을 한다.
- 명령이 아니라 제안한다.
- 지시, 명령, 설득, 설교를 삼간다.
- 처음에는 비판을 하고 차츰 칭찬을 한다.
- 의문문으로 말하지 말고 긍정문으로 말한다.
- 구체적으로 말하여 감동을 준다.
- "화가 치밉니다."보다는 "실망감을 느낍니다."라고 말한다.
- 감정을 쌓아 두지 말고 초기에 표현한다.

- 질책은 샌드위치 화법(칭찬의 말＋질책의 말＋격려의 말)으로 한다.
- 사실적인 정보, 인쇄물, 숫자들을 인용해서 말한다.
- '내 의견, 내 생각으로는……' 이렇게 말을 시작한다.
- '항상, 전혀' 등의 말은 피하고 '대부분, 가끔' 같은 말을 한다.

    5세 된 트레이시는 아버지로부터 오후 6시까지 귀가하는 조건으로 친구 집에서 놀다 오게 되었다. 그런데 6시를 훨씬 넘겨서야 집에 돌아왔다. 화가 난 아버지가 늦은 이유를 물었다. "아빠, 늦어서 미안해. 내가 집에 가려고 나서는데, 친구 인형이 부서졌어."라고 트레이시가 대답했다. "아! 그것을 함께 고치느라고 늦었구나!" 아버지가 말했다. "아니, 같이 우느라고 늦었어!"

    이렇게 공감만큼 훌륭한 커뮤니케이션은 없다.

Maxwell, J. (2004). *Winning with people*. 웨슬리 퀘스트 역(2006). 신뢰의 법칙. 서울: 21세기북스. pp. 208-209.

 Act!

내가 사용하고 있는 커뮤니케이션 기법에는 어떤 것이 있는가?

대중스피치 기법 2
질문으로 화제를 넓힌다

- 첫마디를 준비한다.
- 질문으로 화제를 넓힌다.
- 사전 준비를 철저히 한다.
- 소망과 비전을 이야기한다.
- 유머를 사용한다.
- 충분히 생각하고 가슴으로 말한다.
- 간결하고 명확한 문장을 사용하여 말한다.
- 강렬한 첫마디로 분위기를 압도한다.
- 시간을 초과하지 않고 제시간에 끝낸다.
- 알찬 실례를 들고 적절한 질문을 한다.
- 쉽게 말하며, 재미있고 간결하게 한다.
- 평소에 대중 앞에 서는 연습을 자주 한다.
- 무의미한 단어를 쓸데없이 반복하지 않는다.
- 유머를 섞어 긴장을 없애는 여유를 가진다.
- 시작과 끝, 여유가 분명하고 호기심을 유도한다.
- 반복, 은유 등의 수사법으로 핵심을 강조한다.
- 인상적인 맺음말로 긍정적인 이미지를 각인시킨다.
- 말을 시작하기 전에 1분간 요점을 가다듬고 정리한다.
- 첫 10분과 마지막 10분에 중요한 내용을 말한다.

긍정어법
성공인은 긍정어법을 사용한다

맥그리거(McGregor)의 X이론, Y이론　인간을 X형 사람, 즉 게으르며 태만하고 간섭하고 통제해야 일을 하는 존재로 보는 자는 일방향 커뮤니케이션을 선호한다. Y형 사람, 즉 본래 근면하고 자율성과 능력이 있다고 보는 자는 쌍방향 커뮤니케이션을 좋아한다.

산울림법칙　산에 올라가서 소리를 지르면 그대로 되돌아온다. 이 것이 대화 법칙이다. 내가 "야! 이 나쁜 놈아!"라고 소리 지르면 바로 반대쪽에서 "야! 이 나쁜 놈아!"라고 외치는 소리가 내게 들려온다. 또한 바닷물이 파란 것은 바다가 다른 색을 다 흡수하지만 파란색만은 거부하기 때문이다. 분홍꽃은 다른 색은 다 받아들이지만 분홍색만은 받아들이지 못해 분홍꽃이 된다. 아이로니컬하게도 거부하는 그것이 자신을 규정하는 것이다.

부정어법과 긍정어법　어떤 말을 하는가에 따라 나의 존재가 결정된다. 인생의 실패인은 부정어법을 쓰지만, 성공인은 불만이나 푸념 또는 부정적인 말을 가급적 자제하면서 긍정어법을 사용한다.

비판 기법
비판할 때는 문제에 집중한다

- 나의 동기를 점검한다.
- 구체적으로 말한다.
- 비교해서 말하지 않는다.
- 끝에 가서는 격려를 한다.
- 사람이 아니라 문제에 집중한다.
- 비판할 가치가 있는지를 확인한다.
- 상대방의 자신감을 훼손하지 않는다.
- 다른 사람을 보기 전에 자신을 먼저 살핀다.

비판을 너무 심각하게 받아들이지 않는다

- 긍정적인 사람들을 주위에 둔다.
- 너무 심각하게 받아들이지 않는다.
- 임무에 충실하고 자신의 실수는 고친다.
- 건설적 비판과 파괴적 비판을 구별한다.
- 신체적 · 영적으로 정상 상태를 유지한다.

Maxwell, J. C. (2003). *Be a People Person: Effective Leadership through Effective Relationships*. 황을호 역. 관계의 기술. 서울: 생명의 말씀사.

주장 기법
명료하게 확고히 말한다

주장적인 신체언어(Assertive Body Language)

- 눈을 똑바로 바라본다.
- 몸의 자세를 똑바로 세운다.
- 분명히 들릴 수 있도록 확고하게 말한다.
- 강조할 때는 몸동작과 얼굴 표정을 사용한다.
- 흐느끼는 듯이 칭얼대거나 미안해하는 어조로 말하지 않는다.
- 싫은 것은 싫다고 분명히 말하고, 좋은 것은 좋다고 명확히 이야 기한다.

 Act!

눈을 감고 나에게 가장 모욕감을 주었던 한 사람을 떠올리고, 눈을 떠서 그 사람에게 차마 하지 못했던 말들을 직접화법으로 구체적으로 이야기한다.

질문 유형
질문은 생각을 자극한다

	O			X
미래 질문			과거 질문	
긍정 질문			부정 질문	

폐쇄형 질문	닫힌 질문	특정 질문	Yes, No	one
수렴적 질문				some
발산적 질문				many
개방형 질문	열린 질문	확대 질문	How, What	infinite

　질문(質問)은 알고 싶거나 모르는 바를 묻는 것이다. 질문은 좋은 커뮤니케이션 수단이며, 새로운 방향을 알려 준다. 질문은 스스로 해답을 찾도록 돕는다. 잠재의식, 무의식을 일깨우게 하는 매개체 역할을 한다. 체계적, 구체적, 본질적, 분석적인 질문이 좋다. 정리가 쉬운 질문, 현재와 과거를 연결하는 질문이 좋다. 질문을 하면 마음을 열게 하고 답이 나오게 한다. 질문은 생각을 자극하며, 정보를 얻게 한다.

언어와 행복
행복한 사람은 말이 적다

당당히 살아가는 장애인 오토다케 히로타다(乙武洋匡, 2001)의 자서전 『오체불만족(五體不滿足)』을 읽으면 우리는 장애란 마음속에 있을 뿐임을 느끼게 된다. 마음가짐이 모든 것을 좌우한다.

보들레르(C. P. Baudelaire)의 말처럼, 어떤 일에든지 미친 듯 취해 있을 때 행복을 얻을 수 있다.

진실로 행복한 사람은 말이 별로 없으며 그렇게 웃지도 않고 다만 행복을 마음속에 품고 있다. 인생에 지나치게 집착하는 사람은 삶을 가장 적게 누리는 사람이며 행복을 탐욕스럽게 열망하는 사람은 불행한 삶을 살게 된다.

삶에 있어서 무엇이 참으로 중요한가? 하루하루 누리는 소박한 생활의 기쁨에 초점을 맞춘다.

행복함은 정신건강의 대표적인 징후다.

정신건강은 긍정적인 자아개념, 개인적 가치감, 평화감 등을 의미한다.

배려로서의 침묵
말이 적은 것이 배려다

배려의 언어

| 희언자연
(希言自然) | 다언삭궁
(多言數窮) |
| 행불언지교
(行不言之敎) | 지자불언
(知者不言) |

아는 자는 말하지 않는다. 말하는 자는 알지 못한다. 리더는 말을 적게 하도록 구성원들에게 가르쳐 주어야 하며, 그들의 입에 떠오르는 모든 것을 다 말하려는 마음을 억제하도록 훈련시켜야 한다. 필요한 경우에는 완전한 침묵을 지키는 것도 가르치는 것이 좋다.

침묵은 자신을 돌아보는 고귀한 영혼을 담고 있다. 침묵하는 사람은 카리스마를 갖게 된다.

내적 카리스마를 지닌 사람의 특징
- 남에게 아첨하지 않는다.
- 다른 사람에게 의지가 되어 준다.
- 남을 우러러보지도, 얕잡아 보지도 않는다.
- 진실을 객관적으로 바라보며 강한 자기확신을 가지고 있다.
- 모든 사람에게 진심을 보이지만 일부러 겸손한 척하지는 않는다.

이원설, 강헌구(2003). 아들아, 머뭇거리기에는 인생이 너무 짧다 3. 서울: 한언. pp. 71-76.

모델링으로서의 커뮤니케이션
생활 속의 모델링은 말의 힘보다 더욱 강하다

인도의 어느 왕자가 "꽃이 아름다운 것은 보는 이의 눈 속에 있다."고 말한 것처럼 리더십은 따르는 이들이 인정해 줄 때 살아 움직이는 것이라고 할 수 있다.

세계 역사에 길이 빛난 리더들은 오히려 겸손하였고, 부하를 아끼고 부하의 의견을 존중하는 이들이 많았다. 조지 워싱턴(G. Washington)이 사령관이었을 때 말을 타고 지나가다가 통나무를 들어 옮기라고 호령하는 장교를 우연히 보게 되었다. 워낙 무거워 호령 소리만 무성할 뿐 좀처럼 통나무가 들리지 않았다. 그 장교는 빨리 옮기라는 지시만 내리고 있었다. 조지 워싱턴은 말에서 내려 옷을 벗고 병사들과 함께 통나무를 들었고, 드디어 통나무가 움직여 일을 마칠 수 있었다. 조지 워싱턴은 다시 말을 타면서 장교에게 또 무거운 짐이 있으면 사령관을 부르라고 말하고는 홀연히 사라졌다. 그 장교는 워싱턴으로부터 배려하고 섬기는 리더십의 모델을 학습하였을 것이다.

MK 택시의 회장 재일 교포 유봉식은 '회장이 직원에게 서비스를 베풀 때 직원은 고객에게 서비스를 할 수 있다.'고 말했다. 그는 연간 160억 엔을 벌고 있으나 자기 집을 소유하지 않고 세 들어 살고 있다.

모델이 되는 역사적 인물들은 많다. 한니발(Hannibal)은 불과 29세에 피레네 산맥을 넘어 2만 6,000여 명의 군사와 30여 마리의 코끼리를 몰고 알프스 산맥을 내려와 로마를 17년간 쑥대밭으로 만들었다.

당시 로마는 75만 명의 병력을 동원할 수 있었다고 한다. 그야말로 범인들은 상상도 할 수 없는 천부적 전략과 비범한 능력이 그에게 있었다. 한니발은 역사상 최고의 전쟁 전략가로 평가되고 있지만 그의 전술도 알렉산더의 전략을 모방하였다고 전해지며, 나폴레옹도 젊어서부터 나름대로 플루타르크 영웅전이나 유명한 전쟁에서의 전술·전략에 대해 깊이 연구한 것으로 알려져 있다. 클레오파트라는 6개 국어에 능통하였다.

초등학교 출신이면서 도지사, 국세청장, 토지개발공사 사장을 지낸 김수학 씨 같은 분이 진정한 의미에서 자기주도적 학습의 대가라 할 수 있을 것이다. 지금도 그분은 출퇴근 시 책을 보따리에 싸서 들고 다닌다.

황희의 아들 호안(胡安)이 이조판서로 있을 때에 새로 큰 집을 지었다. 그가 주변 사람들을 초대하여 집들이를 했다. 그때 황희는 그 집을 한 번 둘러보고, 아무 말 없이 가 버렸다. 이에 호안이 황희의 뜻을 깨닫고, 그보다 못한 집을 다시 구하여 살았다고 전해진다.

페스탈로치(J. H. Pestalozzi)는 18년간이나 50명이 넘는 거지 어린이들과 함께 생활하였다. 그는 "거지와 같이 살았으니 거지처럼 묻히고 싶다. 내 무덤에 자연석 하나만 얹어 달라!"고 유언했다. 그가 죽은 뒤 묘비에는 "모든 것을 남을 위해 바치고, 자신을 위해서는 아무 것도 남기지 않았다. 축복이 있을지어다. 그의 이름 위에!"라고 적혀 있다.

한 그루의 나무를 심을 때, 그 가지가 공중에 뻗어 새들이 노래하고, 그늘에서 사람들이 쉬게 되는 장면으로 떠오르는 사람은 숙성된 배려가 습관화·내면화된 사람일 것이다.

7. 통찰력(Insight)

**인재상, 사회변화, 분열과 융합, 미래형 인재, 인재유형,
미래의 직업, 블루오션**

　다음의 진술을 읽고 '그렇다'와 '아니다'로 답한다. '그렇다'가 8개
이상이면 리더십이 대단히 높고, 5~7개는 리더로서의 태도와 리더
십의 자질이 있는 것으로 볼 수 있다. 4개 이하인 경우라도 리더십
훈련 여부에 따라 얼마든지 리더십이 향상될 수 있다.

1. 미래사회의 변화 흐름에 관심이 많은 편이다.
2. 국내외 기업체들의 채용 동향을 꿰뚫고 있다.
3. 일반상식, 교양지식, 다문화이해가 높은 편이다.
4. 나와 내가 속한 조직의 장단점을 잘 파악하고 있다.
5. 혁신적 아이디어를 내며, 차별화 전략을 구사한다.
6. 나의 가치를 높이기 위해 시간과 에너지를 많이 투자한다.
7. 1등 전문가 또는 창조적 기획가가 되려고 노력한다.
8. 제거, 감소, 증가, 창조의 요소를 찾아 블루오션을 창출한다.
9. 구조화, 분류화에 능하고 도표와 차트로 내용을 잘 정리한다.
10. 부분만을 보지 않고 구조 전체를 이해하는 능력이 충분히 있다.

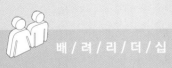
배/려/리/더/십

인재상과 사회변화
배려는 리더에게 가장 중요한 덕목이다

향후 10년간의 세계 및 한국인재 채용 동향을 고려한,
현재 한국의 대학생에게 가장 필요한 덕목(德目) — 배려(Care)

앞으로는 변화와 혁신능력을 보유한 인재를 원한다.

창조적 기획가(Entrepreneur), 1등 전문가(Professional)는 배려능력을 필요로 하며, 앞으로 리더에게 감성과 도덕성, 인간미가 더욱 요구된다.

교양인(Generallist), 전문인(Specialist) ▷ 기획가(Entrepreneur), 프로(Professional)

열정, 겸손, 감성, 윤리, 수용, 다양한 가치나 문화에 적응하는 태도, 부드러운 역량을 고루 겸비한 인재가 미래사회에 적합한 인재이며, 배려 리더와 상통한다.

변화 흐름

Analog	Digital	Digilog
이류	일류	초일류
Quantity 경쟁	Quality 경쟁	Brand 경쟁
10인1색(同種)	1인1색(異種)	1인10색(多種)
양 많은 음식	맛 좋은 음식	새로운 음식
관리경영	전략경영	창조경영

삼성전자 인력개발팀 신태균 상무 특강. 2007.

변화와 배려
변화의 능력과 배려의 품성은 가장 대표적인 리더십이다

리더십의 구조

능력
(Competence)

리더십

품성
(Character)

Intelligence
Creativity
Innovation
Knowledge
Edge
Judgment
Transformation
Thinking
Spirituality
Imagination
Inspiration
Intuition
Speed

2C

Vision
Global mind
Diversity
Service
motivation
Emotion
Energy, Passion
Morality, integrity
Collabarion
Self-concept
Commitment
Human Networking
Communication Skill
Soundness

변화
(Change)

배려
(Care)

 성공인의 삶

- 나의 강점을 찾는다.
- 나의 일을 찾는다.
- 성공은 계단식으로 온다.

- 3가지 소원을 명료화한다.
- 세상에 대해 호의를 갖는다.
- 실패가 성공을 낳는다.

—소설가 남인숙 특강에서 요약, 메모

능력＋품성 ＝리더십

　나・남・사회를 변화시키는 능력, 나・타인・환경을 배려하는 힘
이 리더십의 가장 중요한 요소다. 그 외의 능력과 품성들은 모두 변
화와 배려로 통하고 있다.

분열과 융합
미세한 힘이 배려다

　진정한 변화는 경영자가 다른 사람, 계층, 조직과 섞여 함께할 때에만 일어난다. 공유, 혼합, 통합, 결합, 협력을 통한 배려, 영향력, 시너지 등은 개인과 조직의 능력을 크게 증가시킨다.

　배려는 분리가 아니라 융합이다. 그리고 분열과 융합의 균형과 조화를 이루는 것이다. 분열로서의 정의와 융합으로서의 배려가 서로 균형을 이룰 때 변화의 흐름이 자연스럽게 형성될 것이다. 『퓨전 리더십(Fusion leadership)』에서 말하는 융합, 퓨전, 미세한 힘은 바로 효과적인 배려에 접근하는 것이다. 아래 표는 『퓨전 리더십』에서 발췌, 요약·정리한 내용이다.

분열과 융합의 비교

정의(강한 힘) – 분열(분리)	배려(미세한 힘) – 융합(퓨전)
• 개인주의, 상부에서 하부로 강요 • 조직의 목표와 규범 중시 • 분업화와 세분화는 권한과 통제를 기반 • 강력한 힘을 이용하기 때문에 능률적이고 감시, 통제를 전제로 함 • 저항하는 자에게 좌절과 실패를 안김 • 상사를 회피하는 행동이 나타남 • 가정을 받아들이고, 확고한 의견을 피력함 —손바닥을 아래로 한 주먹(손바닥을 펴면 가진 것을 잃게 됨)	• 분열의 5배에 달하는 에너지 창출 • 눈에 보이지 않는 열정, 현명함, 비전, 욕구, 가치, 기업문화를 중시 • 참여, 연결, 관계, 결합, 화해, 파트너십의 창조방식 • 타인과 함께 통제 • 차이점보다는 유사점을 부각시키면서 공통의 근거, 비전, 규범 등에 바탕을 두고 공동체의식을 고취 • 지적·감성적·영적 능력과 이해를 포함한 인간의 드러나지 않은 요소를 활용 • 전체와 부분을 파악, 의견을 버리고 가설에 도전하며 질문을 주로 함 —손바닥을 위로한 주먹(손바닥을 펴도 가진 것을 잃지 않음)

Daft, R. L. & Lengel, R. H. (2003). *Fusion leadership*. 백기복, 신제구 역. 퓨전 리더십. 서울: 한언 출판사. pp. 25–67, p. 123.

기업의 미래형 인재
기업에서는 인재를 최고의 성과와 잠재력을
발휘하는 사람으로 정의한다

배려와 목표는 서로 맞물리는 두 개의 축

기업에서 원하는 미래형 인재
전문지식을 가지고 재생산하는 능력의 소유자
자신의 제1전공뿐만 아니라 주변 분야의 기술과 지식도 보유한 '다중 작업능력을 지닌 전문가(multi-specialist)'
열정(에너지), 유연함, 인간미, 도덕성을 갖춘 배려 리더
여러 프로젝트와 업무를 동시에 진행하는 멀티테스킹(multi-tasking)에 능한 사람
한 분야에서 전문가이면서 다른 분야의 전문가로 변화할 수 있는 T자형 인재
다양한 시각으로 사물과 현상을 바라보고 개인의 경험과 느낌을 극대화하는 자
자신의 분야에서 다양한 시각으로 여러 능력을 사용하는 사람
과제를 창의적으로 찾아내고 분석능력을 지닌 변화관리자(Entrepreneur)

김농주(2004). 기업이 원하는 인재 기업을 살리는 인재 Multi Specialist. 서울: 오상.

⋮ 인재의 유형과 능력

시대에 따른 인재 비교

과거형 인재	미래형 인재
자신의 경험을 바탕으로 행동	보살피는 인간관계
카리스마형 리더십	변화에 대처할 수 있는 힘
말로 상대방을 설득	성과로 승부
육체적인 노력과 강한 의지	열정, 창조적인 마인드, 좋은 태도와 습관
열심히 일함	세계적인 수준의 업무 지식

삼성의 우수 인재 분류

S(Super)급	A(Advanced)급	H(High potential)급
세계에서 독보적인 기술이나 능력을 가지고 있는 초핵심 인재	해당 분야의 기술을 리드하는 사람	사회 경험은 없지만 대단한 잠재력을 지니고 있는 인물

10년을 준비하는 '지적 창조자'인 우수 인재에 대한 예우는 더욱 커질 것으로 예상된다.

최홍섭(2008. 1.). 이코노미플러스. 제39호.

리더의 7가지 능력

항목	Key Word
꿈	비전, 목표, 사명
꾀	전략, 지혜, 지식
꾼	전문가, 프로
꼴	스타일, 리더십
끈	인맥, 정보력
끼	매력, 열정
깡	도전, 성실, 인내력

배려 리더와 핵심인재
CEO들은 배려와 섬김의 리더십을 선호한다

감정 오버나 지루함을 주는 것은 배려가 아니며 진실성을 느끼게 함이 상대방에 대한 배려다. 면접관들은 사원 채용 시 출신학교, 전공, 지원분야 연계성, 입사동기, 열정과 추진력, 창의력, 표현력을 본다.

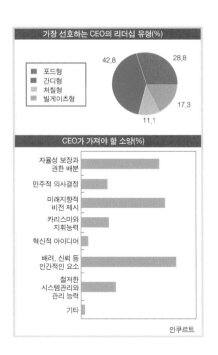

변화의
배려 리더

준비된 리더

믿음과 힘을 주는 리더
꿈을 주는 리더
모델이 되는 리더

출처: 취업사이트 인크루트(www.incruit.com)가 인사교육전문잡지 월간 인재경영(hr.incruit.com)과 함께 자사 사이트 회원 624명(구직자 209명 · 직장인 415명)을 대상으로 '선호하는 리더십 유형'에 대해 설문 조사한 결과

핵심인재의 조건 = 변화를 주도하는 전문능력 + 인간미 있는 인성(도덕성)

박현, 장종희, 신원동(2004). 대한민국 핵심인재. 경기: 도서출판 해바라기. p. 22.

일에 대한 열정을 가지고 적절히 높은 목표에 도전하며 혁신을 즐긴다.

Best people < Right people

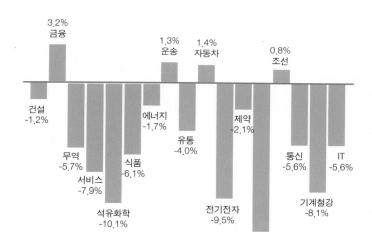

2008년 1000대 기업 업종별 채용증감률

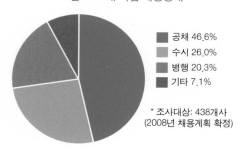

2008년 1000대 기업 채용형태

■ 공채 46.6%
■ 수시 26.0%
■ 병행 20.3%
■ 기타 7.1%

* 조사대상: 438개사
(2008년 채용계획 확정)

기사: 코리아 리크루트

미래의 직업
미래에는 배려를 필요로 하는 직업이 증가한다

현재의 인기 직업

1	펀드매니저—자산운용
2	국제협상전문가—외국기업 상대
3	Private Banker—자산관리
4	정보시스템보안전문가—인프라 구축
5	부동산 감정평가사—부동산 개발
6	헤드헌터—이직전직, 경력개발
7	방송사 아나운서—전문학원
8	Barista—커피 제조 전문가
9	Sommelier—와인관리추천
10	운동치료사—운동, 재활프로그램

전문지식과 능력을
필요로 하는
직업이 대부분이다.

조선일보 2007. 9.

미래 유망 직업

1	기금 모금가
2	고등교육행정가
3	조경건축가
4	사서
5	경영 컨설턴트
6	의료과학자
7	검안사
8	의사보조원
9	학교심리치료사
10	시스템분석가

앞으로 배려를 필요로 하는 직업
이 더욱 많아질 것으로 예견된다.

〈기금 모금가—신뢰, 관계성; 조
경건축가—정서지능; 경영 컨설턴
트—멘터링, 코칭; 학교심리치료
사—케어링〉

US 뉴스 & 월드리포트 2007.

리더가 실패하는 이유
리더가 실패하는 데에는 그 이유가 있다

실패하는 리더의 11가지 특성

- 교만-자신이 옳다는 생각만 한다.
- 인기-평판에 연연하며, 주목받고 싶어 한다.
- 변덕-분위기에 좌우되기 쉽다.
- 과도한 조심-의사결정을 내리는 데 두려움을 느낀다.
- 습관적인 의심-부정적인 측면만을 본다.
- 무관심-어떠한 관여도 하려 들지 않는다.
- 위험한 행동-규칙은 깨지기 위해 만들어진 것이라 믿는다.
- 괴짜-남들과 다르게 행동하고 결정하려 든다.
- 수동적 저항-옳다고 믿는 것을 말하지 못한다.
- 완벽주의-큰 것을 잃어버리기 쉽다.

리더로서 실패하는 경우	리더십의 실패 요인
1. 대인관계가 나쁨	1. 문제와 갈등을 회피
2. 신뢰할 수 없음	2. 부하들을 가혹하게 다룸
3. 권한위임 안 함	3. 구체적 측면만 강조
4. 나 혼자만 현상	4. 우격다짐식 경영
5. 변화에의 적응 실패	5. 부하들이 접근하기 어려움
6. 행동으로 옮기지 않음	6. 지나치게 정치적임
7. 자기 사람에만 의존	7. 자신에 대한 과대평가
8. 네트워크 개발 실패	

When good people behave badly what will you do?
Harvard Business Review의 『인재관리』 Case Study.

구성원과 조직을 배려하지 못하면 목표를 이루지 못하고 인생에서 실패한다.

블루오션 창출
단순화, 차별화, 가치혁신이 성공을 초래한다

한국과 조선산업

해양 물동량	75%
GNP의 무역 의존도	65~70%
조선산업	세계 1위
선박 보유량	세계 8위
세종대왕함	한국 1척, 일본 6척, 미국 60척
수출 규모	세계 12위

블루오션 창출

경쟁자와 다투지 않음: 차별화 전략

고객 < 비고객

이익에 기여하는 비율: 가치혁신 60%, 모방전략 40%

complex < simple

혁신의 아이디어는 외부에서 나옴

핵심역량은 경쟁자보다 잘하는 것에 올인

벤치마킹은 다른 업종에서 함

두바이는 두바이 사람들보다 전 세계 사람들에게 신경을 쓴다.

블루오션은 김위찬과 르네 마보안(R. Mauborgne)이 창안해 낸 개념이다.

1주일에 하루는 4시간만 잔다.
하기 싫은 중요한 일을 먼저 한다.
사람들에게 호감을 주는 괜찮은 사람이 된다.

KTF 김기열 부사장 특강. 2007.

1등 혁신 기업
1등 기업에는 배려가 있다

호리바제작소와 골드만 삭스

일본 호리바제작소

- 일본 교토식 경영전략 : 세계 1위의 분석계측기기 생산 업체
- 사훈 : 기쁨과 즐거움(Joy and Fun)
- 인재선발의 기준 : 창의적이며 성실한 전문기술인
- 스피드 경영 : 오전에는 설계에만 주력할 수 있는 '집중 타임제'를 도입

나는 3분을 야단치기 위해서 3시간 동안 고민한다. 야단이나 꾸중에는
분명히 의욕저하와 함께 생산성의 저하가 있다. 그래서 야단치는 사람은
신중해야 하고, 3시간을 투자할 정도의 열정이 있어야 한다.

일본 호리바제작소 회장, 호리바 마사오 [문석근(2006). 『백만 불짜리 웃음』에서 재인용]

골드만 삭스(Goldman Sachs)

- 가장 근무하고 싶은 금융회사 1위, 직원들을 배려하는 직장-평균
  연봉 5억 7000만 원으로 이직률 가장 낮음
- 직원의 51%가 여성, 임원의 1/4이 여성; 여성위원회, 아시아인위
  원회, 게이 & 레즈비언위원회를 둠
- 84개 언어를 구사하는 150여 개 국적의 직원들로 구성
- 다양성 경영-다른 생각을 가진 10명이 모이면 더욱 창의성이 나
  옴, 철학, 역사, 문학 전공자도 채용

사랑받는 기업

사회, 직원, 고객, 투자자, 협력업체와 감성적인 관계를 맺고 존경과 사랑을 받는 기업들로는 구글(Google), 도요타(Toyata), 사우스 웨스트(SouthWest), 아마존(Amazon), 이베이(Ebay), 혼다(Honda), BMW, 스타벅스(Starbucks), 이케아(Ikea), 존슨앤존슨(Johnson & Johnson), 제트블루(Jetblue) 등이다.

존경과 사랑을 받는 기업들의 공통적 특징은 배움, 신뢰, 상호의존과 존중, 배려, 재미의 문화가 있다는 점이다.

사랑받는 기업은 직원 이직률이 낮고, 구성원들이 즐거워하고 긍지를 느끼는 직장이다. 보수를 많이 주는 것에 그치지 않고 직원들의 능력을 인정해 주며, 나아가 삶의 목적과 의미를 느끼게 하는 기업이 존경받는다.

사명서

예시: 나는 평생 섬김을 실천하며 최고의 당뇨 치료제를 개발하여 1만 명의 어려운 사람들에게 원가로 제공함으로써 그들의 고통을 치유하고 그로 인해 보다 아름다운 세상을 만든다.

나의 인생 키워드는 'Caring'이다. 이를 위해 물처럼 유연하고 산처럼 중후하게 산다. 허(虛), 검소(儉素), 겸손(謙遜)을 지향하며, 늘 멋지게, 아름답게, 고귀하게 생각하고 행동하며, 꿈의 목록을 100% 실천한다.

일상생활과 강의를 통해 Caring을 실천하여 가족과 이웃에 기쁨을 준다.

―김수동(저자)

나는 영어에 능통하며, 약사로서 경영학 박사학위를 받는다. 제약회사 Novartis Korea의 CEO가 되어 최대순이익을 기록한다. 직원들에게 나눔과 베풂을 전하여 행복한 일터가 되게 한다.

―김성은(Novartis Korea MR)

스스로를 통하여 믿음을 쌓는다. 타인의 신념과 인격을 존중하고 진실되게 행동한다. 2011년까지 대한변호사협회 인권위원회에 참여하여 인권변호사로서 활동한다. 2035년에 드림인권센터를 설립하여 500명의 인권도우미를 양성하고, 인권을 유린당하는 이들에게 인권도우미를 파견하여 실무적인 도움을 주는 일에 주력한다. 사회를 변화시키는 영향력의 중심이 되어, 모든 사람이 평등한 세상을 만드는 일에 기여한다.

― 장미리(숙명여자대학교 학생)

항상 긍정적인 마음으로 모든 일에 최선을 다한다. 배려와 섬김의 자세로 타인을 대한다.

20대에는 Vogue Korea에 입사하여 패션 에디터로서 입지를 굳히고 30대에는 미국 Vogue로 전직하여 패션 저널리즘 계통에서 유능한 에디터로 인정받는다. 40대에는 한국으로 돌아와 한국 최초로 전 세계에 동시 출판되는 패션지를 창간하여 한국 패션의 세계화에 기여한다. 50대에는 학생들을 지원하고, 한국에 Parsons School 같은 패션전문학교를 설립하여 후진 양성에 힘쓴다. 그리하여 진정한 아름다움을 세상에 퍼뜨려 모두가 함께하는 세상을 만든다.

― 이지연(숙명여자대학교 학생)

일생 동안 '능동적인 자세'로 매사에 임하며, 책임감 있게 생활한다.

2010년 CPA에 동차합격 후, 서울지부 딜로이트 & 안진 법인회사 감사부서에 입사한다. 상대방을 포용할 줄 아는 유연한 태도와 정확한 의사결정능력의 카리스마를 가진 공인회계사로서 활발히 활동한다. 입사 7년 후 감사부서의 Manager가 된다. 글로벌시대의 전문가로서 역량을 발휘하여 한국인의 위상을 높임과 동시에 신뢰도 높은 회계감사를 통해 투명한 세상을 만든다.

— 오은경(숙명여자대학교 학생)

능력 있는 CFP가 되어 고객들에게 실질적인 도움을 주며, 가정과 직장 그리고 이웃들에게 늘 행복을 나누어 준다.

— 김순천(외환은행 지점장)

꾸준한 독서와 자기계발을 통해 미래 예측 능력을 배양하고 유비무환의 자세를 견지하여 가정과 직장에 큰 힘이 되고 행복한 인류를 만드는 데 기여한다.

— 최춘호(신한은행 지점장)

| 저자 소개 |

■ 김수동

1982년 성균관대학교 사범대학 교육학과를 졸업하고, 1996년 동 대학교에서 교육학 분야 박사학위를 취득했다. 현재 숙명여자대학교 교수로서, 리더십과 교육학을 연구·강의하고 있다. 7Habits FT, LMI FT이며, 주요 저서로는 『배려의 교육』(장서원, 2005), 『인간과 교육이야기』(양서원, 2011) 외 다수가 있으며, 주요 논문으로는 「지혜 개념과 그 계발」, 「리더십 측면에서 이해한 군자의 품성 및 그 계발」, 「홀리스틱교육에서의 배려의 적용 가능성」, 「동양고전에서 이해한 배려리더십」, 「리더십으로서의 섬김의 현대적 이해(공저)」 외 다수가 있다.

educating@naver.com

배려리더십
Caring Leadership

2008년 6월 10일 1판 1쇄 발행
2011년 5월 30일 1판 2쇄 발행

지은이 | 김수동
펴낸이 | 김진환
펴낸곳 | (주)학지사 INNER BOOKS 이너북스

　　　121-837 서울특별시 마포구 서교동 352-29 마인드월드빌딩 5층
　　　대표전화 02)330-5114　　팩스 02)324-2345
등록번호 | 2006년 11월 13일 제313-2006-000238호

홈페이지 | http://www.innerbooks.co.kr
커뮤니티 | http://cafe.naver.com/hakjisa

ISBN 978-89-92654-08-1　03320

가격 12,000원